BRESCHKES
praktisches
GARTENBUCH

JUNGPFLANZEN

Aussäen, Stecken, Teilen

MOEWIG

Fotonachweis:
Compo: 17; Fehn: 7, 9 unten, 11, 13, 15, 19, 21, 23, 25, 31, 33, 35, 41, 43, 45, 49, 55, 57, 59, 61, 63, 65, 67, 69, 71, 73, 75, 77, 79, 81, 83, 85, 87, 89, 91, 93; Gardena: 29, 51; Mick: 27, 37; praxis-press: 53; Sperling: 39; Wolf: 9 oben, 47.
Zeichnungen: Archiv Joachim Breschke

Originalausgabe

Text und Zusammenstellung: Joachim Breschke
Umschlagentwurf und -gestaltung: Network!, München
Umschlagfotos: Jochen Grün
Auslieferung in Österreich: Pressegroßvertrieb Salzburg Gesellschaft m. b. H., Niederalm 300, A-5081 Anif
Printed in Portugal 1991
Druck und Bindung: Printer Portuguesa
ISBN 3-8118-8582-0

Vorwort

Auf dem Markt findet man nur ein stark eingeschränktes Angebot an Setzlingen vor, weil die Vermehrungsbetriebe nicht in der Lage sind, zu jedem Pflanztermin kleine Mengen jeder gewünschten Sorte bereitzuhalten. Das ist kein böser Wille, sondern nicht anders möglich. Wer also eine umfangreiche Sortenauswahl für den Wohngarten haben will, muß sich die Jungpflanzen selbst heranziehen.

Um dem Hobbygärtner die unterschiedlichen Techniken der Pflanzenvermehrung zu erläutern, wurde dieses Buch geschrieben. Weitere Anregungen und die nötigen Materialien findet man auf Gartenausstellungen, in Gartencentern, beim Gärtner oder im Fachgeschäft.

Viele Pflanzen vermehren sich praktisch von selbst mit Ausläufern, Schößlingen, Seiten- und Erdsprossen, Brutknollen und -zwiebeln. Andere lassen sich aus Wurzel-, Trieb- und Blatteilen leicht zu neuen Pflanzen aufpäppeln. Stecklings- und Sämlingsanzucht sind deshalb zu einem beliebten Hobby des Gärtners geworden.

Das kann man auf Fachmessen sehen: Viele moderne Hilfsmittel, Geräte und Substrate werden für die Jungpflanzenzucht angeboten. Ganze Sortimente pfiffiger Neuheiten sind entwickelt worden, um die Vermehrung zu erleichtern.

Miniaturgewächshäuser

Das kleinste Gewächshaus zur Jungpflanzenanzucht ist etwa so lang und breit wie ein Taschenbuch und mit der Haube etwa 6,5 cm hoch. Es wird als „Mini-Frühbeet für die Fensterbank“ angeboten. In der Verpackung sind 11 gelochte Scheiben aus gepreßtem Substrat enthalten. Man muß nur ¼ l lauwarmes Wasser zugießen und warten, bis die Torfscheiben aufgequollen sind. Nach fünf Minuten wird das überflüssige Wasser abgeschüttet, und die mitgelieferten Samen werden auf der Oberfläche verteilt. Leicht andrücken, etwas abdecken – und schon kann die Klarsichthaube darübergestülpt werden.

In gleichbleibender Wärme von 22 bis 24 Grad auf einer hellen, aber nicht sonnigen Fensterbank gehen die Keime schnell auf. Dann wird die Saatschale etwas kühler gestellt (ein bißchen Sonne schadet nicht), damit sich die Sämlinge kräftigen und abhärten. Es wird öfter gelüftet und verdunstetes Wasser ersetzt, damit der Wurzelballen gleichmäßig feucht bleibt. In jedem Quelltopf bleibt nur die stärkste Pflanze, die anderen werden umgesetzt. Nach vier bis fünf Wochen muß in größere Töpfe mit etwa 10 cm Durchmesser umgetopft werden. Das wiederholt sich im Abstand von zwei bis drei Monaten je nach Wachstumstempo, bis die Endgröße erreicht ist.

Es werden auch Torfquellscheiben angeboten, in denen die Samen schon enthalten sind. Als Vorkulturschale kann man jeden Behälter verwenden, z.B. Gefrier- oder Frühstücksdosen. Die Quellscheiben müssen nur so eng stehen, daß die Wurzelballen nicht austrocknen können. Mit einem durchsichtigen Kunststoffbeutel, der so lange übergestülpt wird, bis die Sämlinge daran anstoßen, hält man anfangs die Luftfeuchtigkeit hoch.

Der Fachhandel bietet eine Fülle von Zubehör für die Jungpflanzenanzucht im Haus.

30Jiffy
Prunkbohne

Kleine Pflanzen mögen's warm

Einfache Plastikschalen sind auf zusätzliche Wärmezufuhr angewiesen. Wenn nicht mehr geheizt wird und der Platz auf dem Fensterbrett knapp oder anderweitig belegt ist, muß man elektrisch beheizen. Für diese Fälle gibt es Floratherm-Vermehrungswannen mit einer eingebauten Bodenheizung. Sie sind von unten mit Polyurethanschaum gegen Wärmeverlust geschützt. Die Heizdrähte sind in Schaumstoff eingelagert und liefern mit Netzanschluß etwa 100 Watt je Quadratmeter. Auf diese Weise sind die Unterteile für Hydro- und Kieskultur, Anstau- und Unterflurbewässerung geeignet.

Am häufigsten erhält man im Fachhandel die Vermehrungsbeete in den Grundmaßen von 40 x 20 cm aus massivem Hartplastik und mit eingebauter 300-Watt-Bodenheizung. Die 20 cm hohe Klarsichtkuppel hat Lüftungsöffnungen. Verbesserte Modelle verfügen sogar über automatische Thermostate. Unter die Schale legt man eine isolierende Styroporplatte, um die Wärmeverluste gering zu halten. In die Schale werden 3 bis 5 cm Sand gefüllt, um die Kabel zu schonen.

Wenn die Kleinstgewächshäuser nicht von innen geheizt sind, hilft in kühlen Nebenräumen die Aquarientechnik weiter. Hier gibt es Boden- und Außenheizmatten, die genau die richtige Wärme für Jungpflanzen abstrahlen. Man kann sie selbst zurechtschneiden und in Sand verlegen, da sie mit sehr geringer Spannung betrieben werden.

Elektronisch gesteuert ist eine neue Heizung für Zimmergewächshäuser von Romberg, die mit einem Thermostat die gewünschte Temperatur genau einhält.

Oben: Kleinstgewächshaus in der üblichen Größe von 40 x 20 cm. Rechts oben: beheizte Saatschale, unten: Saatschale mit Plastikhaube.

WOLF Garten
WOLF Geräte

YOU & ME

Das Märchen von den Tontöpfen

Tontöpfe werden meist für etwas besonders Gutes gehalten, weil ihre porösen Wände „atmen" sollen. Das ist, wie man seit über 50 Jahren weiß, falsch, denn selbst unter Druck kann keine Luft durch feuchte Tontopfwände gepreßt werden.

Da aber durch die Topfwand eine Menge Wasser verdunstet, muß häufiger gegossen werden. Noch wichtiger allerdings ist, daß Verdunstung Kälte erzeugt. Folglich sind Wurzelballen in Tontöpfen immer ein paar Grad kühler als in Kunststofftöpfen. Jungpflanzen gedeihen aber besser, wenn ihre Wurzeln etwas wärmer stehen.

Hinzu kommt, daß nicht nur Wasser verdunstet, sondern auch die darin enthaltenen Nährstoffe die Wand des Topfes durchdringen. Sie blühen auf der Außenseite der Tonwand mit weißlichen Flekken, auf denen sich Algen und Moos ansiedeln. Das liegt an den zerklüfteten Mikrostrukturen des gebrannten Tons. Was sich darin an Keimen festgesetzt hat, ist nur mit harten Mitteln wieder zu entfernen. Die Wurzelspitzen wachsen zum Teil so fest in die Tonfugen, daß sie entweder abreißen oder die Töpfe zerschlagen werden müssen. Noch größer ist der Nachteil, daß die Wurzeln auf kürzestem Wege zur Topfwand wachsen und sich dort kreisförmig zusammendrängen. 90 % der Wurzelmasse wächst an der Wand entlang, und der nackte Wurzelring ist außen empfindlich. Es dauert erheblich länger, bis daraus eine Verbindung zu neuem Substrat hergestellt wird.

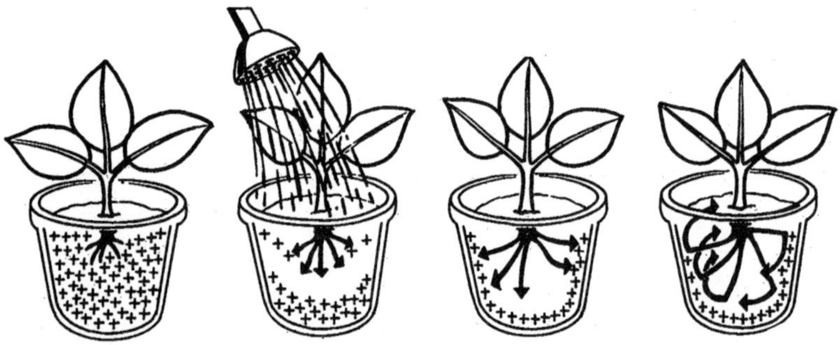

Oben von links nach rechts: Entwicklung des Wurzelballens im Tontopf. Rechts: Tontöpfe müssen vor der Bepflanzung gewässert werden.

Vorteilhafte Kunststofftöpfe

Anders sieht das Wurzelbild im Plastiktopf aus, weil Wasser und Nährstoffe nach unten ablaufen. Die Wurzeln wachsen der Schwerkraft nach und bilden auf dem Topfboden einen kegelförmigen Ballen. Weil keine Verdunstungskälte entsteht, wird durch die höhere Bodenwärme das Wurzelwachstum zusätzlich gefördert.

Obwohl durch die undurchlässige Topfwand kein Wasser entzogen wird, muß doch ausgiebig gegossen werden. Das klingt unlogisch, erklärt sich aber daraus, daß durch die größere Wärme auch mehr Feuchtigkeit verbraucht wird.

Nur wenn die heranwachsenden Jungpflanzen zu lange im zu klein gewordenen Plastiktopf bleiben, kann es passieren, daß die Wurzeln am Topfboden den Ballen hochdrücken. Deshalb sollte man in jedem Falle rechtzeitig umtopfen.

Dünnwandige Plastikgefäße sollen schwarz gefärbt sein. Das Gewicht der Wurzelmasse wird höher, und die Blätter färben sich dunkler grün, wenn kein Licht durch die Topfwand dringt. Blüten entwikkeln sich besser in hellen, grauen oder roten Töpfen, die mehr Licht durchlassen. Deshalb pflanzt man Blattgewächse in schwarze, blühende in bunt gefärbte Töpfe, die etwas mehr Licht durchlassen.

Selbst die empfindlichen Wurzelballen der Sämlinge lassen sich mit einer Gabel unversehrt aus den glattwandigen Töpfen herausholen. Plastiktöpfe sind nahezu unzerstörbar und trotzen Druck, Stoß, Nässe und ultraviolettem Sonnenlicht. An ihnen haften keine Krankheitskeime oder Schädlingseier. Sie brauchen nur in Wasser abgestülpt zu werden und sind immer wieder verwendbar.

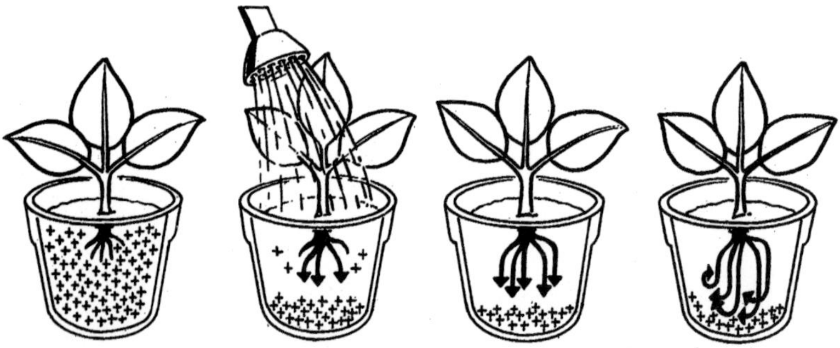

Oben von links nach rechts: Wurzelbildung in Plastiktöpfen. Rechts oben: Tomatenjungpflanzen, unten: Dattelpalmen im Plastiktopf.

Multitöpfe

Damit man sich bei der Jungpflanzenanzucht nicht mit allzu vielen einzelnen Minitöpfchen abplagen muß, sind Multitöpfe erfunden worden. Das sind Platten aus Hart-PVC im Format von 50 x 30 cm für den Profi und in kleineren Abmessungen für Hobbyvermehrer.
Je nach Topfgröße sind unterschiedlich viele Vertiefungen in eine Platte gepreßt:

* 38 Töpfe mit 6 cm Durchmesser für größere Stecklinge und Topfpflanzen, die schon mehrmals pikiert worden sind. Auch zur Vorkultur von Knollen- und Zwiebelblumen;
* 51 Töpfe von 5 cm Durchmesser nehmen kleinere Zwiebelblumen und mittelgroße Stecklinge auf;
* 73 Töpfe von 4 cm fassen Stecklinge von krautigen Zierpflanzen, dazu Beet- und Balkonblumen, die bereits pikiert wurden;
* 96 Töpfe hat die kleine Größe mit 3,5 cm Durchmesser für Stecklinge, pikierte Sämlinge und Aussaaten vom Alpenveilchen bis zum Zierspargel für Töpfe und Balkonkästen.

Seltener findet man auch eine Größe von 7 cm für Stecklinge großer Grünpflanzen wie Gummibaum oder Baumfreund (Philo). Sie sind auch für Blumenzwiebeln bis zum Format von Hyazinthen geeignet.
Die zusammenhängenden Multitöpfe sind leicht zu füllen und zu pflegen und bilden eine stabile Grundlage für ein Minitreibhaus: Man muß nur in die Ecktöpfe die Enden eines Drahtbogens stecken und eine Klarsichtfolie darüberziehen.

Geraniensteckling in 51er-Multitopfplatte.

Töpfe aus Torf

Topfplatten werden auch aus einem Material hergestellt, das in feuchtem Zustand rasch zu Humus zerfließt: Papier und Torf. Die rein mechanisch aufbereitete, schwefelfreie Stapelzellulose beginnt sich nach dem Anfeuchten aufzulösen. Die Topfwand weicht dabei nur soweit auf, daß die Wurzeln hindurchwachsen können.

Torftöpfe bestehen zum größten Teil aus humusreichen Sphagnum-Weißtorfen, 5 % Urea-Stickstoff und 1 % gebundenem Harnstoff mit Spuren von Nährstoffen, die bei der Aufbereitung des Bindemittels anfallen. Aus dieser Mischung werden sie in runden und quadratischen Formen in verschiedener Größe gepreßt.

Runde Töpfe mit 6 und 8 cm Durchmesser oder die quadratische Form mit 5-6 cm Seitenlänge werden zur Jungpflanzenaufzucht bevorzugt. Die eckigen gibt es sogar als Multitöpfe in zusammenhängenden Streifen mit, je nach Größe, zwei oder drei Reihen mit 6, 12 oder 18 Einzeltöpfen.

Die einzelnen Torftöpfe werden in Pikier- oder Saatkisten oder einem anderen mit Folie wasserdicht ausgelegten Behälter dicht an dicht nebeneinandergestellt, ohne sie einzufüttern. Da sie sich nach unten verjüngen, stoßen ihre Topfwände nicht aneinander, was für das Wurzelwachstum wichtig ist. In den durchlässigen Weichtöpfen wachsen die Wurzeln durch die Wand und legen sich außen an. Sie trocknen an der Spitze ein, ihr Wachstum stockt und regt damit die Verzweigung im Innern des Wurzelballens an.

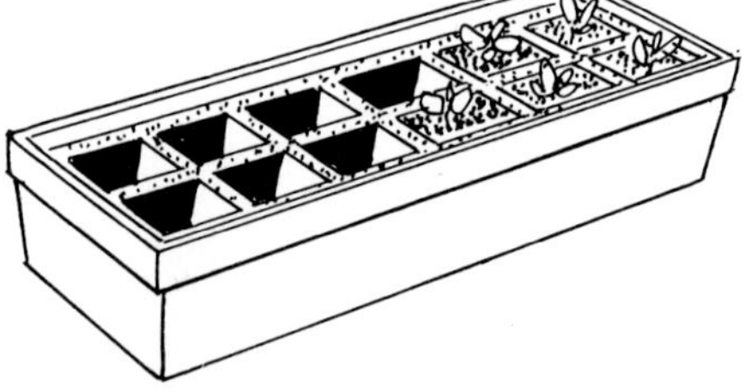

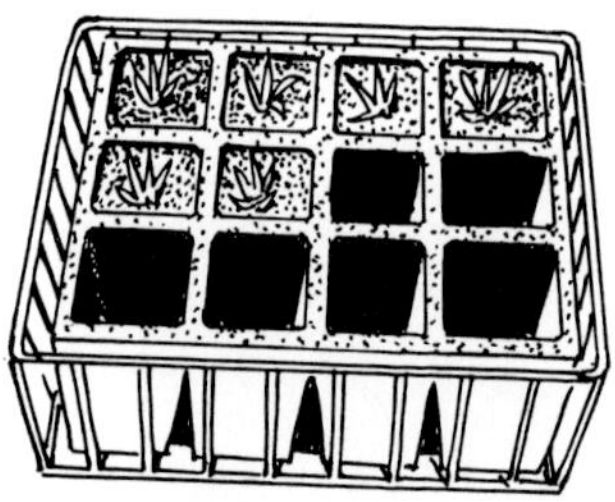

Oben: Torftöpfe in quadratischer Form werden zusammenhängend als Doppel- oder Dreierstreifen geliefert. Rechts: Torftöpfe für die Jungpflanzenanzucht.

Das Original: Jiffy-Kultur

Die Jungpflanzenanzucht in Torftöpfen bewährt sich bei Erwerbsgärtnern seit 40 Jahren in aller Welt. Sie wird nach dem ursprünglichen Produkt als Jiffy-Kultur bezeichnet.

Zwei Grundregeln müssen eingehalten werden:

Man muß doppelt gießen, für den Topf und für den Inhalt. Die Töpfe müssen nach dem Einfüllen des Substrats immer gleichmäßig feuchtgehalten werden. Der Vorteil gegenüber allen anderen Topfarten bleibt nur erhalten, wenn die Jungpflanzen ohne Umpflanzschock weiterwachsen können. Wird es im Freien oder im größeren Endtopf einmal knochentrocken, kann es passieren, daß man die Jiffys im nächsten Jahr unversehrt wiederfindet. In der normalen Bodenfeuchtigkeit zersetzen sie sich spurlos.

Das zweite Problem ist die Nährstoffansammlung im saug- und speicherfähigen Torfanteil der Topfwand. Durch die Verdunstung des Gießwassers an der Außenseite werden die Nährstoffe herausgefiltert und festgehalten. Das hat nichts zu sagen, solange die Salzkonzentration in der Topfwand nicht zu hoch ansteigt. Deshalb wird für Jiffy-Anzuchten ein nährstoffärmeres Substrat verwendet und erst nachgedüngt, wenn die Wurzelspitzen durchgewachsen sind.

Auch die Seitenwurzeln erreichen bald die Außenseite, stocken und regen die weitere Verzweigung an, bis ein dichter, fester Ballen entsteht, dessen Wurzelspitzen alle nach außen gerichtet sind. Jiffytöpfe werden mit der schützenden Torfwand ausgepflanzt oder eingetopft. Dazu verwendet man nicht das übliche spitze Pflanzholz, sondern eine Kelle, die darunter keinen Hohlraum entstehen läßt.

Oben von links nach rechts: Wurzelbild im Jiffytopf. Rechts: Jungpflanzen in Jiffytöpfen müssen mehr gegossen und weniger gedüngt werden.

Quellende Töpfe

Torfquelltöpfe sind praktisch, weil sie Topf und Inhalt zugleich bieten. Sie sehen wie große Tabletten aus. Hergestellt werden sie aus jüngstem Weißtorf, angereichert mit 1g Volldünger je Liter und soviel Kalk, daß der pH-Wert dem neutralen Punkt zwischen 5,5 und 6,3 angenähert ist. Die Mischung wird fein gemahlen und unter hohem Druck auf ein Zehntel der ursprünglichen Masse gepreßt. Daraus werden Scheiben von 4,5 cm Durchmesser gestanzt und mit einem Kunststoffnetz oder anderen Bindemitteln in Form gehalten.

Auf dem Markt sind Packungen mit 20, 30, 50, 100 und 1000 Stück. Innerhalb von 5 Minuten dehnen sie sich fast wieder auf ihre ursprüngliche Höhe aus, wenn man sie in einem flachen Gefäß mit Wasser übergießt. Jede Torftablette saugt 70 bis 100 ml Wasser auf, 10 Tabletten brauchen also höchstens 1 l Wasser.

Das Kunststoffnetz hält den Ballen fest zusammen, aber es hindert die Wurzeln nicht hindurchzuwachsen. Wenn sie dikker werden, sprengen sie die Maschen, ohne stranguliert zu werden. Während der Anzuchtdauer sind die Quelltöpfe immer gleichmäßig feuchtzuhalten, ohne daß sie in stauender Nässe stehen. Das gelingt am besten in Plastikschalen und Topfplatten, die gelocht sind. Noch besser stehen sie auf Stegen über Rinnen, die das Wasser halten, so daß bei Bedarf nachgesaugt werden kann.

Torfquelltöpfe – rechts trocken, links nach wenigen Minuten unter Wasser.

Saatschalen in vielen Größen

An Stelle von Multitöpfen oder Topfplatten kann man natürlich auch in einen Eierkarton säen oder stecken, wenn vorher jede einzelne Vertiefung gelocht wurde. Auch jede andere flache Kiste, die mit wasserdichter Folie ausgelegt wurde, ersetzt kostspielige Saat- und Pikiergefäße, wenn es um kleine Mengen von Jungpflanzen geht.
Wenn man jedoch als Hobby den eigenen Planzennachwuchs professionell heranziehen will, sollte man sich das nötige Zubehör leisten. Es erleichtert die Arbeit und sichert den Erfolg.
Dann empfehlen sich für Aussaat, Stecklingsanzucht und Weiterkultur nach dem Pikieren Kunststoffschalen aus PVC. Sie sind licht-, form-, kälte- und hitzebeständig und in vielen Größen zu haben.
Sie alle sind in Haushalt, Garten, Küche und Keller für viele Zwecke verwendbar, wenn sie als Saatgefäß ausgedient haben.

Die Standardmaße ungelochter Plastikschalen sind

35 x 27 cm und 5 cm hoch,
60 x 40 cm und 6 cm hoch,
80 x 25 cm und 6 cm hoch,
42 x 34 cm und 10 cm hoch.

Dazu gibt es zwei gelochte Normgrößen von

50 x 32 cm und 6 cm hoch,
60 x 40 cm und 6 cm hoch.

Aus leichtem, isolierendem Styropor werden bewährte Saatkisten in folgenden Maßen angeboten:

20 x 25 cm und 5 cm hoch,
30 x 20 cm und 5 cm hoch,
40 x 30 cm und 6 cm hoch,
37 x 13 cm und 8 cm hoch.

Aussaat in Eierkarton (oben), Saatschalen in unterschiedlichen Maßen.

Sonnenblumen
SAMEN

Dschungel zu Hause: Treibhausklima

Über ein paar Stecklinge im Joghurtbecher stülpt man ein Einmachglas oder eine aufgeblasene durchsichtige Plastiktüte. So leicht läßt sich gespannte Treibhausluft und eine leicht erhöhte gleichbleibende Temperatur erzielen. Gespannt nennt der Gärtner die Luft, die bis zur Sättigungsgrenze mit Wasserdampf angereichert ist. Die Luftfeuchtigkeit hängt von der Wärme ab. Je höher die Temperatur ist, um so mehr Wasser kann die Luft aufnehmen. Ein Kubikmeter Luft nimmt z.B. bei 20 Grad Celsius 17,3 g Wasser auf, bei 30 Grad schon 30,3 g.

Die hoch wassergesättigte Treibhausluft darf auf die Dauer nicht zu stickig werden, weil die Säm- und Stecklinge sonst über Nacht schimmeln. Deshalb werden Klarsichtfolien gelocht oder andere Lüftungsöffnungen angebracht, z.B. zwischen die Glasscheibe und den Gefäßrand 5 mm dicke Hölzchen gesteckt, um etwas frische Luft hereinzubringen. Der Sauerstoff wird gebraucht, weil ihn die Blätter nachts einatmen. Kohlendioxid wird tagsüber unter Luftabschluß schnell etwas knapp, weil die grünen Pflanzenteile im Sonnenlicht assimilieren und dabei mehr benötigen, als in der gespannten Luft übriggeblieben ist. Wie man Abhilfe schaffen kann, steht im Kapitel „Flüssig Gas geben“.

Die Lüftung darf aber nicht zugig werden, nur wenige Pflanzen vertragen Zugluft und am allerwenigsten gerade ausgekeimte oder wurzellose Stecklinge. Die Abdekkung sollte deshalb unbedingt über den Anzuchtgefäßen bleiben, bis die Stecklinge zeigen, daß sie Wurzeln gebildet haben und die Sämlinge sich aus dem Boden ausreichend mit Wasser selbst versorgen können. Erst dann kann die Abdeckung stundenweise abgenommen werden, um die Pflanzen abzuhärten.

Aussaaten unter Klarsichthauben und Lochfolien (oben), einfache Küchenfolie über einer Styropor-Palette.

Viel Licht

Im ausgehenden Winter und zeitigen Frühjahr, wenn die meisten Jungpflanzen herangezogen werden, ist es auf dem Fensterbrett zu dunkel. Die jungen Pflanzen brauchen mehr Tageslicht für ihr Blattgrün. Wenn die Lichtmenge nicht ausreicht, verblassen die ursprünglich dunkelgrünen Pflanzenteile, so daß nicht genug Zucker und Stärke gebildet werden können.

Ist es zu dunkel, vergeilen die Pflanzen, wie der Gärtner sagt. Sie werden dünn und langtriebig, weil sie sich dem Licht entgegenrecken. Dabei bleiben sie aber schwach und anfällig. Mit zusätzlichem Licht stärkt sich ihre Widerstandskraft, die grünen Blätter und Stengel färben sich dunkler, und die Photosynthese setzt wieder voll ein. Die Abstände zwischen den Ansatzstellen der Blätter am Stengel verkürzen sich wieder. Nur solche Jungpflanzen haben gute Chancen für ein weiteres Leben.

Für das optimale Pflanzenwachstum sind Leuchtkörper entwickelt worden, die langlebig sind, wenig Strom verbrauchen und die Luft nicht zu hoch aufheizen. Sie werden zum Teil für die Aquaristik verwendet und sind deshalb so dekorativ, daß sie auch im gepflegten Wohnzimmer aufgehängt werden können. Mit einer Schaltuhr kann man die Belichtungszeit genau einstellen. Es ist wichtig, sie genau einzuhalten.

Da die Jungpflanzen nicht der Mittagssonne am Fenster ausgesetzt sein sollen, im Raum aber die Helligkeit stark abnimmt, ist Zusatzlicht kein Luxus. Belichtet wird mit einer gleichbleibenden Stundenzahl nicht nur am Abend, sondern auch tagsüber.

Für das Pflanzenwachstum sind Leuchtstoffröhren mit speziellem Spektrum entwickelt worden.

Flüssig Gas geben

Unter Glas oder Folie, in Kleingewächshäusern, Frühbeeten oder großen Folientunneln wird die Kohlensäure in der Treibhausluft knapp. Je heller es ist, um so mehr brauchen die Pflanzen, und zwar zwei- bis fünfmal soviel, wie in der Atmosphäre enthalten ist.

Mit einer „CO_2-Düngung“ werden im gewerblichen Gartenbau z. B. bei Salatgurken bis zu 50 % höhere Erntemengen erzielt. Rekordernten mit Mehrerträgen bis zu 35 % gab es bei Tomaten, Kopfsalat, Spinat, Rettichen und Kohlrabi. Deutlich besser wachsen auch Blumen und Blattpflanzen wie Chrysanthemen, Freesien, Narzissen, Nelken, Orchideen, Rosen und Tulpen im Gewächshaus bei erhöhten CO_2-Werten.

Für eine Kohlensäuredüngung braucht man einen Brenner, der reines Kohlendioxid , das ungiftig und gefahrlos ist, an die Pflanzen abgibt. Am besten eignet sich dafür Flüssiggas, wie es im Feuerzeug verbrannt wird. Es entzündet sich erst bei 500° Celsius und kann also nie explodieren. Es ist umweltfreundlich, rückstandsfrei, ohne Ruß, rauchlos, sauber und ohne Schwefel.

Die Kosten für den täglichen Betrieb sind minimal. Brenner und Tank sind beweglich und können so nach Bedarf überall aufgestellt oder -gehängt werden. Es gibt preisgünstige Geräte, die zugleich als Heizung unter Glas einzusetzen sind. Druckregler und Gasschlauch werden mitgeliefert, so daß kein elektrischer Anschluß nötig ist. Die Gasflaschen halten 80 bar Innendruck aus, werden jedoch nur mit 2,5 bis 3 bar Betriebsdruck gefüllt. Von einem Druckregler vor der Flamme wird dieser weiter auf 0,05 bar vor der Flamme verringert.

So ein Gewächshaus eignet sich gut für die zusätzliche Düngung mit Kohlensäure.

Überraschung: die Keimfähigkeit

Ob ein Samenkorn keimfähig ist, läßt sich nicht sicher von außen erkennen. Es mag je nach Art voll und glatt oder rauh und runzelig sein.

Ob Saatgut zu lange gelegen hat oder verdorben ist, weil es nicht richtig gelagert wurde, läßt sich schon eher wahrnehmen: Es ist untypisch verfärbt, glanzlos, verschrumpelt, riecht muffig oder ranzig bei ölhaltigen Sämereien. Von solchen Körnern sind natürlich keine Keimlinge zu erwarten.

Bei großen Körnern zeigt eine Schnittprobe, ob Keimling und Nährgewebe noch frisch sind. Von Gurken, Kürbissen und Nüssen kann man eine Kostprobe nehmen. Der frische Geschmack von Kreuzblütlersamen wie Radieschen und Rettich, Kohlsamen und Stauden ist unverwechselbar. Wenn die Samentüten große Fettflecken zeigen, ist Vorsicht am Platze. Der reine charakteristische Duft von Dill, Sellerie, Möhren, Kresse und Heilkräutern verliert sich bei überlagertem Samen.

Die Keimfähigkeit sinkt selbst bei bester Lagerung je nach Art im Laufe der Zeit mehr oder weniger schnell. Einige sind bereits im Folgejahr nicht mehr zu gebrauchen, andere kommen dann erst richtig in Keimstimmung. Drei bis maximal sechs Jahre sind für die meisten Samen die äußerste Lagerzeit.

Im Gesetz über den Verkehr mit Saatgut von 1985 sind erstaunlich niedrige Prozentzahlen für die Mindestkeimfähigkeit angegeben. Wenn also bei Feldsalat, Möhren, Paprika, Petersilie, Porree und Winterendivien nur 65 % der Samen keimen, ist das noch immer innerhalb der gesetzlich zulässigen Grenzen.

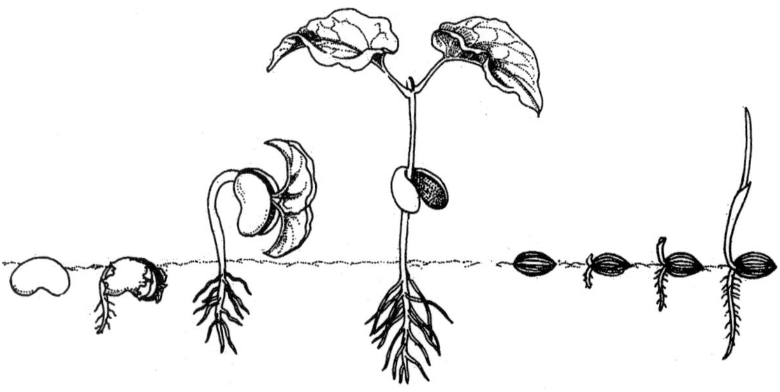

Oben: So keimen Samen – links: zweikeimblättrige, rechts: einkeimblättrige. Rechts: Nur das beste Saatgut bringt solche Jungpflanzen – oben: Tomaten, unten: Weißkohl.

Keimprobe

Um die Keimfähigkeit zu prüfen, muß eine Probe angesetzt werden. Es gibt eine Reihe bewährter Methoden, wie die ausgezählten Körner zum Keimen gebracht werden: Auf einem Teller zwischen zwei nassen Löschblättern, in einen wollenen Lappen gewickelt, in Sand oder Torf.

Ganz einfach geht es mit kleinen Päckchen aus Filterpapier, die auf nassen Sand gelegt und mit Folie oder Glas abgedeckt werden. Für die meisten Samen ist die Zimmerwärme von 18° bis 20° eine gute Keimtemperatur, in Ausnahmefällen keimt es zwischen 10° und 25°, manche Blumensamen brauchen sechs Stunden am Tage bei 30° und 20° in der Nacht.

Oft ist schon nach Tagen der erste Keimansatz sichtbar. Ausgezählt wird, sobald die Spitzen etwa 1 cm lang sind. Auf jeden Fall sollte man damit bis zur mittleren Keimdauer warten, die bei den Gemüsearten unterschiedlich lang dauern kann:

vier Wochen bei	Feldsalat, Majoran, Melisse, Petersilie, Sellerie, Spargel;
drei Wochen	Bohnenkraut, Borretsch, Karotte, Kerbel, Kümmel, Möhre, Pastinake, Salbei, Spinat;
zwei Wochen	Gurke, Kürbis, Lauch, Mangold, Melone, Rote Rübe, Tomate, Zwiebel;
8 bis 12 Tage	Beifuß, Bohne, Endivie, Erbse, Estragon, Kopfsalat, Kohlarten, Kresse.

Am besten setzt man eine glatte Zahl von 100 oder 50 Körnern zur Probe an, danach läßt sich die Prozentzahl der gekeimten Pflanzen leicht ausrechnen.

Keimproben bestimmen die Aussaatdichte.

2.1. Kürbis
Bohnen
Bohnen

Schutz vor Schäden

Alle keimfähigen Samen sollen so rasch und vollzählig wie möglich aufgehen. Das einfachste Mittel dafür ist, sie vorzukeimen. Die Körner werden dazu nicht vollständig unter Wasser gesetzt, sondern in flachen Schalen durchdringend angefeuchtet. Darin läßt man sie höchstens zwei Stunden. Zeigen sich erste Anzeichen von Keimstimmung, dürfen sie nicht wieder trocken werden, sondern müssen sofort ausgesät werden.

Als Schutz vor anhaftenden Erregern von Pilzkrankheiten wie Schwarzbeinigkeit und Umfallkrankheit kann man das Saatgut beizen. Es gibt dafür Wirkstoffe ohne Gefahrensymbol, die also keinerlei Gefahren oder Nebenwirkungen verursachen können. Der Wirkstoff ist pflanzenverträglich und verursacht keine Schockwirkung in empfindlichen Keimstadien. Saatgut und Beizmittel werden in ein Gefäß gefüllt, fest verschlossen und fünf Minuten kräftig geschüttelt. Wenn alle Samenkörner gut eingepudert sind, wird abgesiebt. Die auf den Samenkörnern hängenbleibende Beize ist minimal. Deswegen lohnt es sich kaum, eine Beizlösung anzusetzen, um das Saatgut naß zu beizen. Trocken gebeiztes Saatgut kann längere Zeit lagern. Neuerdings wird Saatgut in den Handel gebracht, das ohne chemische Beizmittel natürlich vorbehandelt wurde. Verschiedene Pflanzenextrakte hemmen den Pilzbefall im Keimstadium und fördern Keimung und Wurzelwachstum. Auch ein Bad in Kamillentee, Baldrian und Eichenrinde reinigt das Saatgut von anhaftenden Schaderregern und Sämlingskrankheiten.

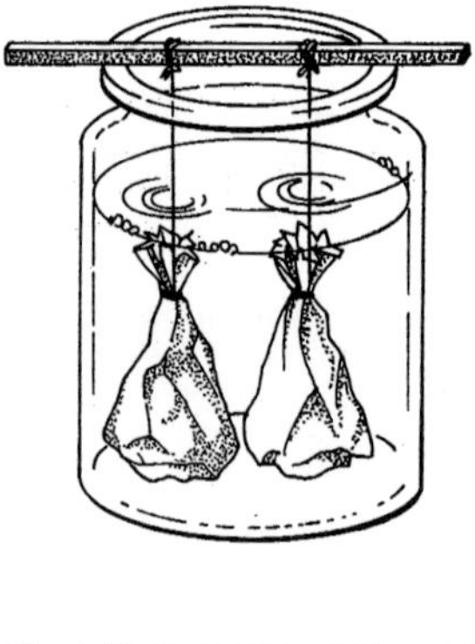

Oben: Samenbeize – links: naß, rechts: trocken. Rechts: Saatgut in Keimschutzpackung ist chemiefrei vorbehandelt.

ORIGINAL
SPERLI
SAMEN
Keimschutz-Packung
Tomaten Luxor F1 Hybride
Riesen-Fleischtomate, schmackhaft,
resistent gegen Krankheiten
41.849
Spritzen? Nein!
Genetisch gesund!

Pillensamen

In einer Hüllmasse aus Tonmineralien und Torf sind Gemüsesamen in der ersten Keim- und Sämlingsphase geschützt. Samenpillen haben sich deshalb in der gärtnerischen Praxis seit langem bewährt. Sie werden nur aus erstklassigem, kalibriertem Saatgut hergestellt, das zum Teil sogar handverlesen ist. Dazu verwendet man nur die größeren Kaliber, die eine höhere Keimkraft besitzen. Anbausichere Pillensamen bekommt man heute für den privaten Garten auch in Kleinpackungen, und zwar von Kohlarten, Kopfsalat, Möhren, Pastinaken, Porree, Roter Bete, Winterendivien und Zwiebeln.

Neben der Freilandpille sind speziell zur Jungpflanzenanzucht sogenannte Potpills (Topfpillen) entwickelt worden. Es gibt sie von Freilandsalaten, Porree, Kohlrabi und anderen Kohlarten. Diese Aussaaten müssen anders behandelt werden. Man kann sie auf Endabstand legen, ohne zu vereinzeln. Das einheitliche Kaliber dieses sortierten Saatguts beschleunigt die Keimung bis zu sieben Tagen, da alle keimschwachen und übergroßen Samen ausgesiebt werden.

Für die Rasensaat gibt es granulierte Feinsämereien, die in zylinderförmigen Hüllmassen bis 3 mm Durchmesser feine Agrostissamen einbetten. Das ist wichtig bei der Mischung mit gröberen Körnern, die bis 40mal schwerer sind und sich in der Packung sowie beim Säen entmischen.

Ganz neu ist Mantelsaatgut, dessen Samenhülle mit Nährstoffen, Spurenelementen und wasserlöslichem Phosphor angereichert ist, um das Anfangswachstum zu unterstützen.

Oben: Einzelkornsaat von Potpills. Rechts: Gemüsesaatgut in Hüllenmasse.

Am laufenden Band

Erstklassiges Handelssaatgut wird auch auf Band gelegt, damit optimale Abstände eingehalten werden. Es entstehen keine Lücken in der Reihe, weil nur beste Samen in einheitlichen Abständen auf leicht zersetzliches, rückstandfreies Spezialpapier geleimt werden. Das Verfahren ist besonders nützlich bei kleinen Mengen für Mischkulturen, die auf exakte Einzelkornsaat angewiesen sind.

Die neuen Saatbänder können naß werden, ohne zu kleben und zu zerlaufen. Das erlaubt eine ungewöhnliche, aber höchst einfache Vorkeim-Methode: Die ganze Schachtel wird mit Wasser gefüllt, dick in Zeitungspapier gewickelt und bleibt über Nacht bei Zimmertemperatur liegen. Am nächsten Morgen muß die Spule vorsichtig herausgeholt werden, damit es keinen Bandsalat gibt.

Wenn das Band trocken ausgelegt werden soll, wird eine Rille gezogen und schon vorher zum erstenmal gegossen. Nachdem das Band mit Erde oder Torfkultursubstrat TKS 2 abgedeckt wurde, wird noch einmal mit scharfem Strahl gewässert. Das saugfähige, sich leicht auflösende Spezialpapier hält die Feuchtigkeit danach höher als im Umland, und Trockenschäden sind nicht zu befürchten.

Breitere Saatbänder sind speziell für die Jungpflanzenzucht entwickelt worden. Die Rollenware mit 30 cm Bandbreite läßt sich leicht in handliche Beet- und Kistengrößen teilen. Die Samen sind auf dichteres, aber kurzfaseriges Papier geleimt, das sich in feuchter Umgebung spurlos auflöst. Um es gleichmäßig dünn abzudecken, braucht man gesiebten Humus oder pulverförmig lockeres TKS, nachdem mit sanftem Strahl berieselt wurde.

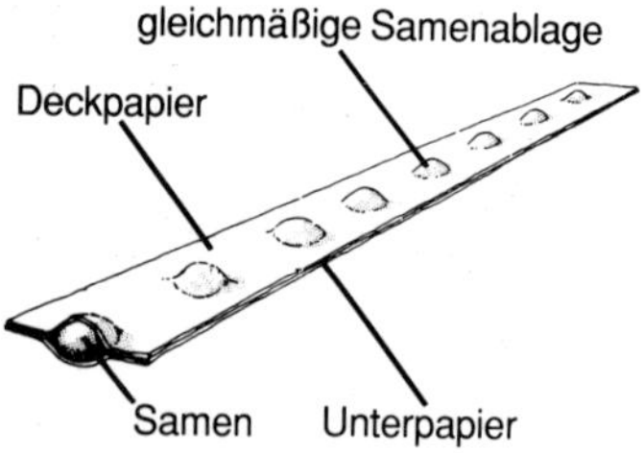

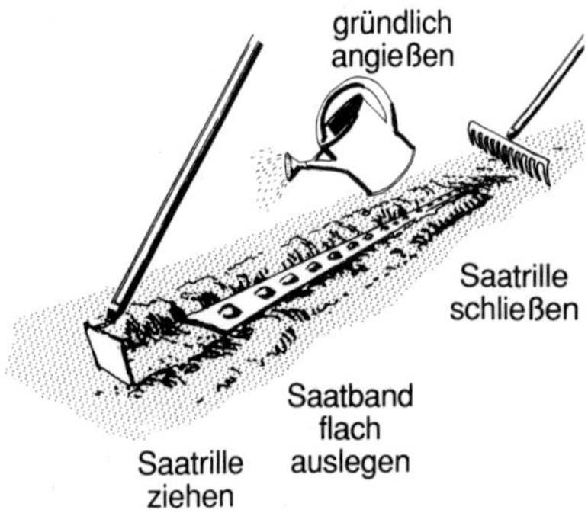

Oben: Saatband nach dem Verfahren Eschwege. Rechts: Das Saatband sorgt für gleichmäßige Abstände.

Quick-Sticks

Die kürzesten Saatbänder sind kleine Stecker, nicht viel breiter als Pappstreichhölzer, die einzelne oder mehrere Samen zugleich in die Erde bringen. Die Sätiefe ist an einem Markierungsstrich ablesbar. Damit läßt sich leicht im richtigen Abstand säen, und jeder Keimling hat ausreichend Platz. Die Samen sind durch die Konstruktion ihrer Halterung dicht von Feuchtigkeit umgeben.

Dieses neue System hat sich in England millionenfach im Freiland und bei der Anzucht unter Glas bewährt, wenn jeweils nur wenige Einzelpflanzen gebraucht werden. Ein Sortiment enthält 30 Stück je Schachtel von den folgenden, besonders beliebten Gemüsearten: Chinakohl „Nagaoka 50", Eissalat „Great Lakes 118", Kohlrabi „Weißer Delikateß", Kopfsalat „Hilde", die Möhren „Nanco" (früh) und „Senta" (spät), Petersilie „Clivi", Pflücksalat „Grand Rapids", Porree „Blaugrüner Winter", Tomaten „Moneymaker" und „Super Marmande", Zwiebel „Zittauer Gelbe".

Zur Jungpflanzenanzucht im Haus vorgesehen sind die Schnellstecker in der 30er-Packung von folgenden Gartenblumen: *Alyssum* „Königsteppich" (violett) und „Schneeteppich" (weiß), eine Mischung gefüllter Zwergastern sowie Riesen-Strahlen-Astern, Männertreu „Kristallpalast" (ähnlich *Alyssum* in Büscheln wachsend), die „Majestic"-Mischung von Löwenmaul, weiße Zwerg-Margeriten, eine Mittagsblumen-Mischung, die Nelke „Baby Doll" (gemischt im Sommer blühend), vom Phlox die „Cecily"- Mischung sowie eine Mischung gefüllter Strohblumen.

Für die Einzelkornsaat mit dieser Steckmethode eignen sich besonders gut die Jiffy- und Quelltöpfe.

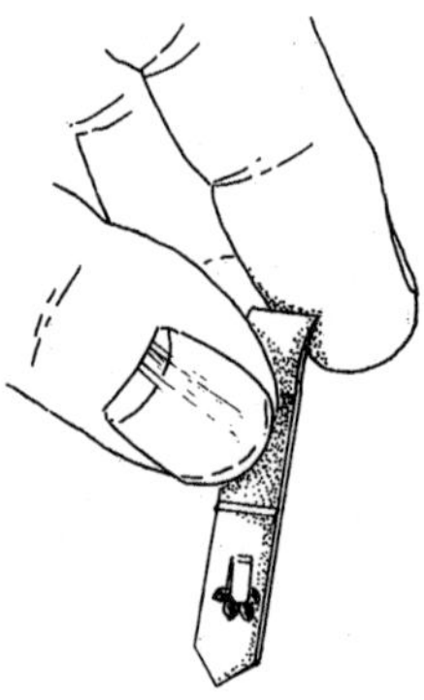

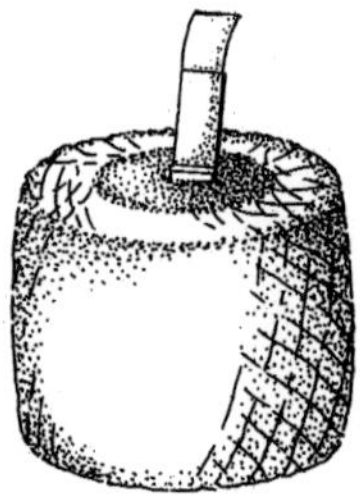

Oben links: Quick-Stick, rechts: gesteckt in Torfquelltopf. Rechts: Aussaat mit Quick-Sticks.

Samen stratifizieren

Viele Samen sind im Reifejahr noch nicht keimfähig. Sie müssen erst über Winter in der Erde liegen. Das geschieht bei vielen Staudenarten wie Actaea, Aurikeln, Dicentra, Cimicifuga, Helleborus, Phlox, Primeln und anderen. Obstsamen, Nüsse, Kastanien, Eichen, Erlen, Pappeln, Clematis und Weiden keimen besser, wenn sie nicht unmittelbar nach der Ernte ausgesät werden.

In der Wartezeit werden die Samen „stratifiziert", das heißt in feuchten Sand oder Torf eingeschichtet. Dazu füllt man in größere Töpfe unten eine drei Finger breite Schicht Tonscherben, damit überflüssiges Wasser ablaufen kann. Die Gefäße stellt man deshalb auch nicht direkt auf den Boden, sondern auf Kies oder Holzleisten. Auf die Dränage folgt eine Torfschicht oder reiner Sand, worauf die Samen einzeln so ausgebreitet werden, daß sie sich gegenseitig nicht berühren. Darüber legt man einen Fingerbreit Sand oder Torf, wieder eine Lage Samenkörner und so weiter. Fetthaltige Samen werden mit feinem Sand abgerieben, bis sie Wasser annehmen. Feine Sämereien stapelt man nicht höher als 10 cm, grobe bis 20 cm hoch, um eine Fäulnis zu vermeiden. Falls erste Keime treiben, entstehen nicht zu lange Geiltriebe.

Die Temperaturen liegen nicht höher als 12° Celsius, bei Steinobst zwischen 6° und 7°. Frost schadet vorübergehend nicht, er verlangsamt nur etwas den Abbau keimhemmender Stoffe. Das ist auch gut so, denn solange es friert, soll ja nichts austreiben. Insgesamt dauert das feuchtkühle Winterlager knapp drei bis reichlich sechs Monate.

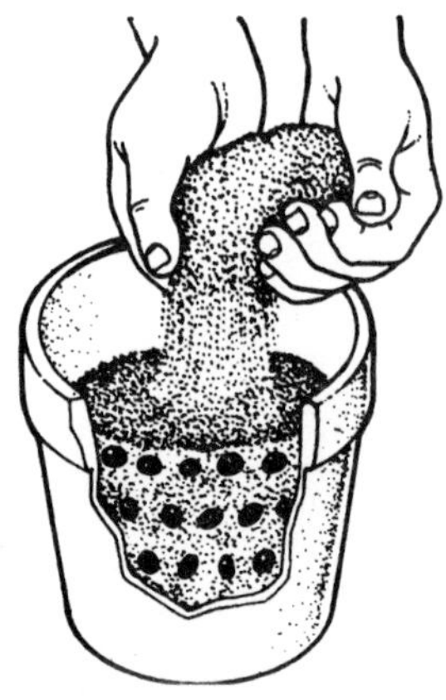

Oben: Samen in feuchtem Sand oder Torf einlegen beseitigt Keimhemmung. Rechts: Diese Roßkastanie keimt nach dem Stratifizieren besonders kräftig.

Breitsaat

Säen heißt, die Samen im Substrat so verteilen, daß sie zum Keimen weit genug auseinander und in der richtigen Tiefe liegen. Ganz so einfach, wie sich das anhört, ist es leider nicht. Denn die Samen müssen schon gleichmäßig verteilt von der Handfläche rollen oder wie eine Prise Salz zwischen Daumen und Zeigefinger herausfallen.

Sicherer ist es, aus der Tüte zu säen, wenn diese klein und handlich ist. Entweder ist die Kappe schon auf der einen Seite etwas länger, oder man schneidet einen Streifen von der oben liegenden Seite weg. Die Tüte wird waagerecht so gehalten, daß die länger vorstehende Seite unten liegt. Die Unterseite wird leicht eingekniffen, so daß die Samen in einer Reihe nachrutschen. Damit läßt sich kontrollieren, ob sie gleichmäßig fallen. Leichtes Schütteln oder Klopfen befördert die Samen zur Öffnung der Tüte.

Diese breitwürfige Aussaat wird vor allem bei der Jungpflanzenanzucht unter Glas sowie bei einigen kleinen Blattgemüsearten im Freiland angewandt. Sie empfiehlt sich nur, wenn die Jungpflanzen nach einiger Zeit auseinandergepflanzt – „pikiert" – werden. So lange kommen sie mit dem geringsten Platz aus. Der Nachteil ist, daß nach dem Aufgehen nicht mehr gejätet und gehackt werden kann. Breitsaat ist also nur etwas für Kurzkulturen auf sauberen Böden.

Die typische Breitsaat im Garten ist der Rasen, dessen Aussaat in dem speziellen Buch über Rasen in dieser Reihe in allen Einzelheiten ausführlich beschrieben ist.

Breitwürfige Aussaat in Saatschalen.

Reihensaat

Im Gemüsegarten wird die Reihensaat vorgezogen, um den Boden jederzeit bearbeiten zu können. Dazu werden mit dem Harkenstiel oder einem kleinen Schargrubber längs oder quer zur Beetlänge Rillen gezogen. In der Saatkiste für die Jungpflanzenanzucht genügt es, mit einer Leiste oder Brettkante eine längliche Vertiefung in das Substrat zu drücken.

Langsam keimende Samen werden mit schnell keimenden gemischt, um frühzeitig die Reihen zu erkennen, wenn Unkraut gejätet oder nach einem Platzregen die Erdkruste aufgehackt werden muß. Bei Möhren, Radieschen oder ähnlichen Mischkulturen erreicht man auf diese Weise, daß in der Reihe Platz geschaffen wird. Die schnell erntereifen Wurzeln werden gezogen, wenn die Rüben der Hauptkultur anfangen, breit zu werden.

Die Abstände in der Reihe sind meist etwas enger als der Abstand zwischen den Reihen, weil es vielen Gemüsearten genügt, wenn sie sich nach zwei Seiten ausbreiten können. Doch es lohnt sich nicht, zu eng zu säen. Damit erntet man von der gleichen Fläche nicht mehr, sondern weniger.

Die Saatreihen sollten nach dem Sonnenstand ausgerichtet werden. Von Nord-Süd-Reihen wird mehr geerntet, als wenn eine Seite der prallen Sonne ausgesetzt ist, während die andere im Schatten liegt. Auf der Sonnenseite kann sich der Boden bis auf 21° Celsius erwärmen, im Schatten dagegen nur bis 12°. Das wirkt sich natürlich auf den Ertrag aus. Für die Pflegearbeiten vom Weg aus ist vieles einfacher, wenn die Reihen nicht quer zur Beetkante gezogen werden.

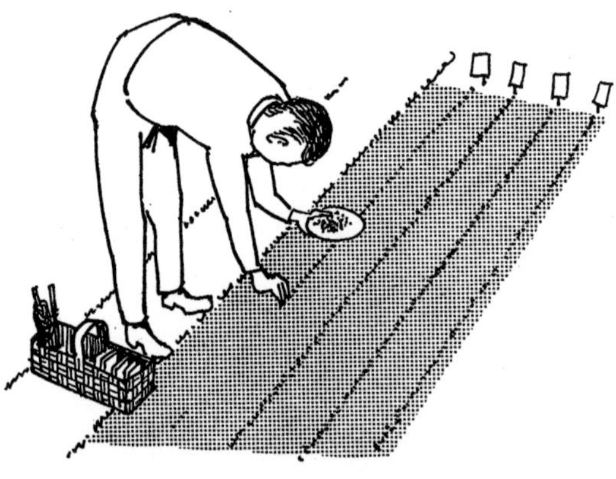

Oben: Reihensaat. Rechts oben: Sägerät, unten: Rillenzieher.

WOLF Geräte
Saat-Master

Abstand halten

Die mittleren Reihenabstände für die häufigsten Gemüsearten gelten auf normalen Gartenböden mit guter Nährstoffversorgung. Auf leichteren Böden brauchen die Pflanzen etwas mehr Platz. Als durchschnittliche Faustzahlen gelten folgende Abstände:

Abstand	*Gemüseart*
10 cm	Gartenkresse, Radieschen
20 cm	Feldsalat, Perlzwiebeln, Schalotten, Schnittlauch, Schnittsalat, Zwiebeln
30 cm	Karotten, frühe Kohlrabi, Kopfsalat, Mangold, Möhren, Pastinaken, Porree, Rettiche, Rübstiel, Schwarzwurzeln, Sommer-Endivien, Spinat
40 cm	Buschbohnen, Grünkohl, frühe Straucherbsen, Weißkohl, Wirsing, Winter-Endivien
50 cm	Blumenkohl, späte Kohlrabi, Reiser- und Straucherbsen, mittelfrüher Rot- und Weißkohl
60 cm	späte Kohlarten
70 cm	Gurken, Neuseeländer Spinat, Stangenbohnen, Tomaten

Nicht minder wichtig ist die richtige Saattiefe. Dafür gilt die Faustregel, daß ein Samenkorn nicht tiefer in der Erde liegen soll, als es dick ist, höchstens aber zweimal so tief wie der Durchmesser. Je schwerer der Boden ist, um so flacher muß gesät werden. Das läßt sich etwas ausgleichen, indem die Reihen mit lockerem Humus abgedeckt werden. Nur in leichten Böden wird die Erde mit dem Harkenrücken über die Samen gezogen und anschließend festgeklopft. Um den Bodenschluß herzustellen, wird am Ende mit feiner Brause angegossen.

Kopfsalat, auf ausreichenden Abstand gepflanzt.

Auf den Punkt gebracht

Von Punktsaat spricht man, wenn die Samen für sich allein oder gemeinsam mit anderen in ein Loch gelegt werden. Im Gemüsebau sät man so Rettiche, Mangold, Kopfsalat und andere Pflanzen, die besser gedeihen, wenn sie nicht verpflanzt werden müssen.

Um die Saatlöcher vorzubohren, nagelt man an eine Leiste im gewünschten Abstand einige Stäbe. Sie sollen so weit überstehen, wie die Samen tief liegen müssen. Sollen die Samen größerer Arten weiter auseinander liegen, wird nur jedes zweite Loch besät.

Im Viererverband ist der Abstand zwischen den Pflanzen unterschiedlich groß, kürzer entlang der Seitenlinien und länger in den Diagonalen. Sinnvoller wird das Land im Dreiecksverband genutzt, weil der Abstand in allen Richtungen gleich groß ist. So paßt mehr auf die gleiche Fläche. Die Pflanzenreihen brauchen auch nicht den Mindestabstand einzuhalten, weil die Pflanzen der einen Reihe immer auf Lücke mit denen der Nachbarreihe stehen.

Um keine Lücken entstehen zu lassen, belegt man die Saatstellen mit mindestens drei Samenkörnern, in schweren Böden bis zu acht. Damit sich die Keimlinge nicht ins Gehege kommen, legt man sie nicht auf einen Haufen, sondern ringförmig um den Haltestab oder die Kletterstange (Tellersaat). So können sie sich helfen, den schweren Boden hochzuheben. Gemeinsam sind sie dazu stark genug.

Doch das bleiben sie nur, wenn rechtzeitig verzogen wird. Man läßt nur die stärksten Pflanzen stehen, die anderen müssen entfernt werden, bevor sie sich Konkurrenz machen. Dabei muß vorher stark gegossen werden, damit die verbleibenden Pflanzen sich nicht lockern.

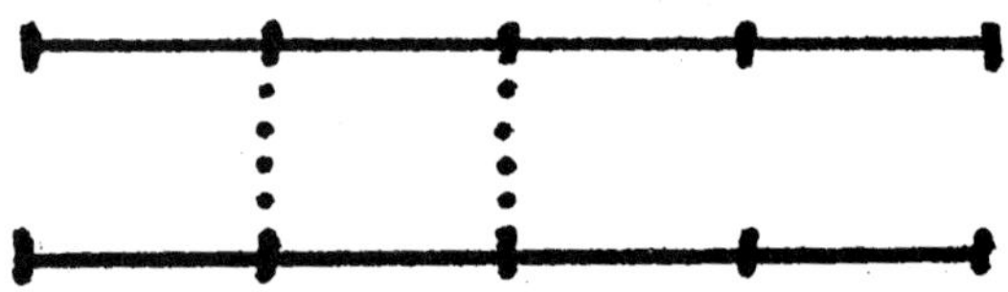

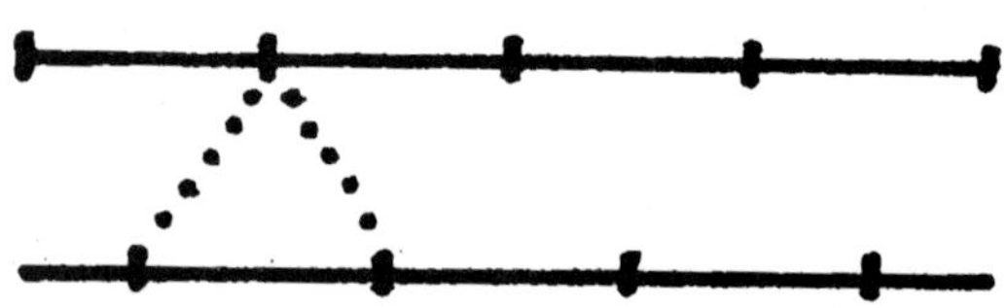

Oben: Punktsaat im Viererverband, unten: Dreiecksverband. Rechts: Der Rillenzieher sorgt für gleichmäßigen Reihenabstand.

Pikieren

Jungpflanzen sät man anfangs immer zu dicht, weil sie auf diese Weise wenig des kostbaren Platzes brauchen. Aber sie wachsen schnell und berühren sich bald mit den Keimblättern, und sie nehmen sich gegenseitig Licht, Wasser und Nährstoffe weg. Wenn es wärmer geworden ist, können die jetzt robusteren Jungpflanzen aus den geschützten Keimlingsbeeten ausgepflanzt werden.

Der Gärtner sagt dazu pikieren, vom französischen piquer = stechen, weil ein Pflanzloch in das neue Substrat gestochen wird. Pikiert wird auch, damit die senkrecht in den Boden wachsende Pfahlwurzel abreißt oder gekürzt werden kann, so daß sich die Bildung von Seitenwurzeln verstärkt.

Die Sämlinge werden mit einer Pikiergabel behutsam aus ihrem Saatbett gehoben. Sie wird aus einem flachen Stäbchen geschnitzt. Damit lockert man die Wurzeln und hebt mehrere Pflanzen zugleich heraus. Diese werden auseinandergezogen, ohne sie mit den Fingern anzufassen, so daß sie nicht unter der Handwärme leiden.

Mit der angespitzten Seite des Pikierholzes stößt man Reihen von Löchern in das Substrat. Der Abstand sollte ausreichen, daß die pikierten Pflanzen mehrere Wochen ungestört voneinander wachsen können. Die Wurzeln sollen so tief wie zuvor liegen. Stengelwurzler wie Gurken, Tomaten und andere Nachtschatten setzt man tiefer ein.

Mit der Holzspitze wird neben die Pflanzstelle gestochen und so das Wurzelloch von der Seite her zugedrückt. Dabei sollte aber kein neues Loch entstehen, das voll Gießwasser laufen könnte. Die Wurzeln dürfen nicht bloßliegen, und die Pflanzen müssen so fest sitzen, daß sie nicht umfallen.

Sämlinge aus Breitsaat müssen pikiert werden.

Etisso

Vegetative Vermehrung

Damit die Art erhalten bleibt, auch wenn keine Samen ausgebildet werden konnten, haben die meisten Pflanzen die Fähigkeit entwickelt, sich ungeschlechtlich, d.h. vegetativ zu vermehren. Sie können Wurzeln aus abgetrennten Blättern und Trieben bilden, und andere schieben aus Wurzelstücken junge Pflanzen. Sogar an der Mutterpflanze selbst entstehen komplette Jungpflanzen an Ausläufern, Brutzwiebeln und -knollen in der Erde, in Blattachseln oder in den Blüten.

Werden die Blüten der Erdbeere von Schädlingen oder Frost zerstört, bilden sich sehr viel mehr Ausläufer, als wenn die Elternpflanzen normal gefruchtet haben. Das kann man ausnutzen, indem Blüten ausgeknipst werden. Mit Stickstoff und zusätzlichen Wassergaben wird die vegetative Vermehrung weiter gefördert.

Schneidet man von Tulpen oder Gladiolen die Blütenknospen ab, entstehen viel mehr Brutknöllchen und -zwiebeln als sonst. Nimmt man aus den Zisternen von Bromelien die Blütentriebe heraus, setzt sofort stärkerer Kindelnachwuchs ein. Kindel sind soweit entwickelte Jungpflanzen, daß sie selbst oft schon wieder „Enkel" haben, während sie noch an der Mutterpflanze hängen. Bei Brutblättern, Grünlilien und Judenbart kann man das häufig beobachten.

Ein extremes Beispiel von Überlebenswillen zeigen die Blutblumen. Sie lassen Kindel an abgeschnittenen Blättern sprießen, die wochenlang trocken gelegen haben. Nach vielen Wochen vergilben sie in scharf abgegrenzten Teilen und ernähren davon an den Schnittstellen vollkommen ausgebildete Jungpflanzen.

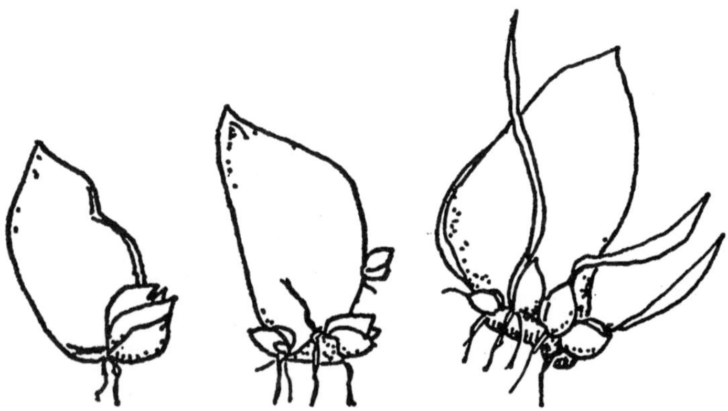

Oben: An Blattstücken der Blutblume bilden sich Brutzwiebeln. Rechts: Kindel von Grünlilie (oben), Judenbart und Henne mit Küken.

Stammkindel

Aus Blattachseln am Stamm bis hinunter zum Wurzelhals wachsen bei zahlreichen Dickblättern (Sukkulenten) die Kindel. Markante Beispiele dafür sind:

Aechmea Die abgemoosten Kindel brauchen viel Wärme; gegossen wird erst, wenn sich Wurzeln gebildet haben.

Agave Schnittwunden vom Abtrennen müssen abtrocknen, bevor in sandige Erde gepflanzt wird.

Aloe Achselsprossen wachsen besonders in den Sommermonaten leicht weiter.

Asplenium Kindel des Nestfarns werden in leichte, humose Erde getopft.

Billbergia Sobald der Zimmerhafer abgeblüht hat, nimmt man die Seitentriebe ab und pflanzt sie sogleich ein.

Echeveria Seitenrosetten können sehr klein abgenommen und eingetopft werden.

Guzmania Jungpflanzen läßt man in feuchtem Torf an der Mutterpflanze erste Wurzeln bilden.

Haworthia Kleinrosetten läßt man an der Schnittstelle trocknen, ehe man sie in sandige Erde pflanzt.

Hechtia Kindel mit einem kleinen Stammstück werden bei 20° unter Folie luftfeucht gehalten.

Kanistrum Die Kindel brauchen 25° unter Folie, wenn sie noch keine Wurzeln gebildet haben.

Neoregelia Nicht zu früh in die Zisterne gießen und bei 25° warm halten.

Tillandsia Nach der Blüte wie alle anderen Ananasgewächse behandeln.

Tolmiea Blätter mit Adventivknospen auf Nachbartöpfe absenken und bewurzeln lassen.

Echeverien mit Seitenrosetten.

Ausläufer

An ober- oder unterirdischen Seitentrieben, die sich in ganzer Länge oder punktuell an den Blattknoten bewurzeln, entstehen komplette Jungpflanzen, Knollen oder Zwiebeln. Sie werden meist erst abgenommen, wenn sie sich voll entwickelt haben.

Fast alle Bodendecker, die den Boden schnell mit bewurzelten Seitentrieben und einer Fülle von Jungpflanzen überziehen, zählen dazu. Der Efeu ist ein bekanntes Beispiel dafür, daß sich die Seitentriebe in ganzer Länge bewurzeln. Wo sie auf bewohnbares Substrat treffen, wachsen sie an und können als selbständige Pflanzen abgetrennt werden. Andere aus dieser Gruppe sind das Immergrün, *Fittonia*, Korallenbeere, die Nachtkerze *Epilobium*, Schlangenstapelie, *Soleirolia, Zebrina*.

Andere bilden „kriechende" Wurzelstöcke wie z.B. viele Freilandfarne, Gemswurz und Palmlilie. Bodenständige Blätter bewurzeln sich bei Korbmaranten, Zwergpfeffer und anderen an ihren Knotenpunkten. Alle rasen- und horstbildenden Gräser verbreiten sich mit bewurzelten Seitentrieben. Eine Gruppe für sich sind die Eiskrautgewächse, Mittagsblumen, Lebende Steine, Mützen-, Rachen- und Zungenblatt, Silberhaut und Steinhaufen. Nahezu alle Wasserpflanzen vermehren sich heftig mit Ausläufern.

Viele Kakteen neigen dazu, ganze Nester oder Polster von Seitentrieben zu bilden, die sich teilweise schon auf der Mutterpflanze bewurzeln. Wird der primäre Vegetationspunkt auf dem Scheitel beschädigt oder entfernt, fördert das ungemein die Neigung, Kindel zu treiben. Im übrigen bewurzeln sich fleischige Sproßteile von selbst an der Luft, am Boden und sogar in reinem Wasser als Hydropflanzen.

Oben links: Erdbeere mit Jungpflanzen an Ausläufern, rechts: Tolmiea. Rechte Seite: Spinnweb-Hauswurz *Sempervivum arachnoideum* mit Seitenrosetten.

Stockteilung

Aus dem rosetten- oder rasenartigen Breitenwuchs der Pflanzen ergibt sich der einfachste und schnellste Gewinn von Jungpflanzen: die Teilung der Wurzelballen. Das geht natürlich nur, wenn dieser schon aus zahlreichen, weitgehend selbständig wachsenden Einzelpflanzen besteht.

Bei den meisten Stauden, Zwiebelblumen und Knollenpflanzen gehört das Aufnehmen und Teilen der Wurzelstöcke zur regelmäßigen Pflege. Damit soll verhindert werden, daß die Pflanzen von der Mitte her vergreisen oder verkümmern. Es geschieht bei frühjahrs- und sommerblühenden Arten nach der Blütezeit etwa im September, sonst während der normalen Pflanzzeit, nicht aber zwischen Mai und August.

Die Blätter werden gekürzt und die Wurzelballen mit einem Spaten oder Messer in mehrere, nicht zu kleine Teile zerlegt. Dabei vermeidet man den inneren Kreis, der sich kaum noch regenerieren kann. Die Teilstücke werden unmittelbar danach wie normale Jungpflanzen in den vorbereiteten Boden gepflanzt.

Auf diese Weise verjüngt man regelmäßig alle horstbildenden Staudenarten wie beispielsweise Astilben, Gemswurz, Phlox, Rittersporn, Sonnenhut und Wiesenraute. Günstig wirkt das Teilen auf Polsterstauden wie Blaukissen, Enzian, Fetthenne und Gänsekresse, Steinbrecharten und Ziergräser.

Horstbildende Zwiebelblumen gewinnen aus der Teilung frische Blühkraft: Allium, Camassia, Schneestolz, Zeitlose, Hakenlilie, Krokusse, Alpenveilchen, Hundszahn, Kaiserkrone, Schachbrettblume, Schneeglöckchen, Hyazinthen, Irisarten, Klebschwertel, Lilien (vor allem Königs- und Feuerlilien), Märzbecher, Milchstern, Traubenhyazinthe, viele Narzissen, Sauerklee, Puschkinie, Ranunkeln, Steinbrech, Blaustern, Rigerblume, Frühlingsstern (*Ipheion*, früher *Triteleia*) und Tulpen.

Oben: Stauden teilen mit der Hand (links), harte Wurzelballen mit dem Messer (Mitte), große Placken mit zwei Gabeln (rechts). Rechts: Horstbildende Stauden müssen geteilt werden – oben: Schwertlilie, unten: Blaukissen.

Zwiebelbruten

Zwiebeln sind nicht teilbar, und aus ihren Stengeln lassen sich keine Stecklinge schneiden. Dafür bilden sie eine Art „Kindel unter Tage“, fertig ausgebildete Jungpflanzen, die sich entweder selbst von der Mutterpflanze trennen oder leicht abgebrochen werden können.

Brutzwiebeln entstehen bei den meisten Arten am Zwiebelboden neben dem Wurzelkranz. Einige seltene Ausnahmen sind Lilien mit Brutzwiebeln in den Blattachseln, außerdem *Dioscorea bulbifera* (die Bulbentragende), *Sparaxis* und *Saxifraga granulata*. Bei Allium-Arten finden sich neben den Samenkapseln auch Brutzwiebeln im Blütenstand.

Ab September werden Zwiebelbruten bei 17° dunkel und luftdicht gelagert, bis sie nach zwei, drei Wochen kräftige Wurzeln gebildet und damit ihre Trennreife erreicht haben. Erst dann werden sie behutsam abgedrückt, in TKS gelegt und ohne Winterpause durchkultiviert, also gegossen und gedüngt.

Nicht alle Brutzwiebeln sind bereits im folgenden Jahr blühfähig. Fritillaria und Narzissen brauchen zwei Jahre, Hyazinthen, Scilla, *Sparaxis* und *Triteleia* zwei bis drei Jahre, Allium und Lilien drei Jahre, Crinum zwei bis vier Jahre, ehe sie bis zur Blühreife herangewachsen sind.

Brutzwiebeln bilden sich um so zahlreicher, je früher die Blütenknospen geschnitten werden. Sommerblüher brüten mehr Tochterzwiebeln aus, wenn sie früher gepflanzt werden und der Boden etwas wärmer als normal ist. Die Doppelnasen der Narzissen dürfen nicht getrennt werden.

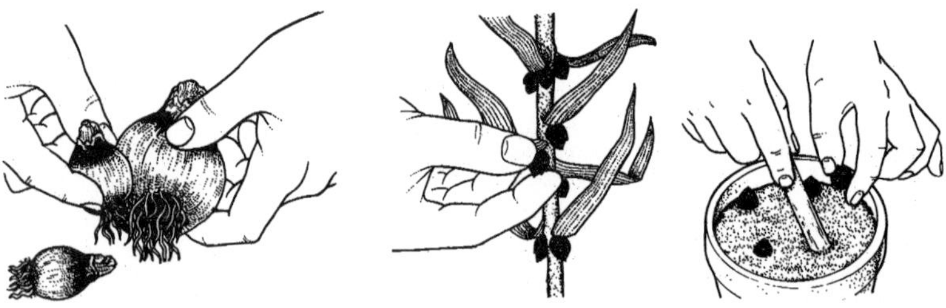

Oben: Brutzwiebeln abnehmen (links), aus den Blattachseln von Lilien (Mitte), Brutzwiebeln stecken (rechts). Rechte Seite: Brutzwiebeln in Schalen vortreiben.

18 Uhr geöffnet!

Zwiebeln vermehren

Einige Zwiebelarten lassen sich zu vermehrtem Ansatz von Brutzwiebeln bringen.

Größere Kaiserkronen schneidet man zur Pflanzzeit im August dreimal über Kreuz (Sternschnitt) in den Zwiebelboden. Legt man sie danach mit der Unterseite nach oben in leicht angefeuchteten Floratorf, bilden sich an den Wundrändern aus dem Kallusgewebe Dutzende von Brutzwiebeln, die nach der Trennreife ins Saatbeet gesteckt werden und nach zwei Jahren blühen.

In gleicher Weise können Hyazinthen zur Bildung von Brutzwiebeln veranlaßt werden. Die Schnitte sollen hier allerdings nicht so tief gehen, daß sie klaffen. Zwiebelboden und Blüte können ganz herausgeschnitten werden, dann bildet sich etwa doppelt soviel Nachwuchs wie nach dem einfachen Sternschnitt. Nach jedem Einschnitt wird das spitze, scharfe Messer in kochendem Wasser oder hochprozentigem Alkohol entkeimt.

Schuppenzwiebeln wie z.B. von Lilien und Knoblauch zerfallen in einzelne Zehen, die nichts anderes sind als Brutzwiebeln und ebenso gesteckt werden können. Um sie zu stärkerer Vermehrung anzuregen, kann man gesunde, äußere Schuppen von Lilienzwiebeln abbrechen und die Bruchstellen mit Holzkohlepulver desinfizieren. Sie werden in einer Plastiktüte bei 20° bis 22° Celsius in feuchtem Substrat gelagert und bilden so neue Brutzwiebeln. Vor dem Pflanzen ist eine Ruhephase von mindestens acht Wochen bei 2° bis 4° einzuhalten. Man kann sie eingetopft im kalten Kasten oder im Kühlschrank aufbewahren. Wenn man nicht mehr als die Hälfte der Schuppen abgetrennt hat, kann man auch die Mutterzwiebel wieder einpflanzen.

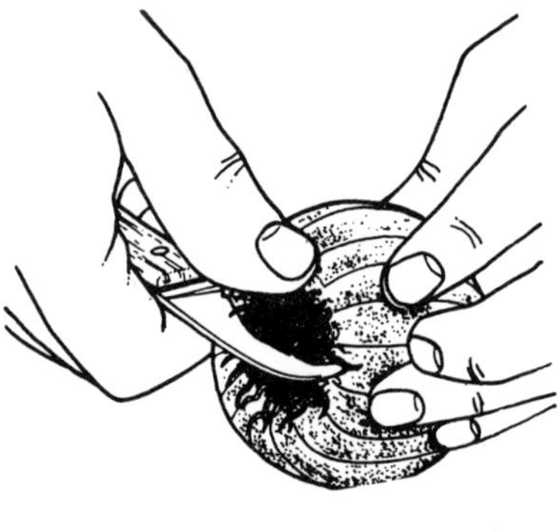

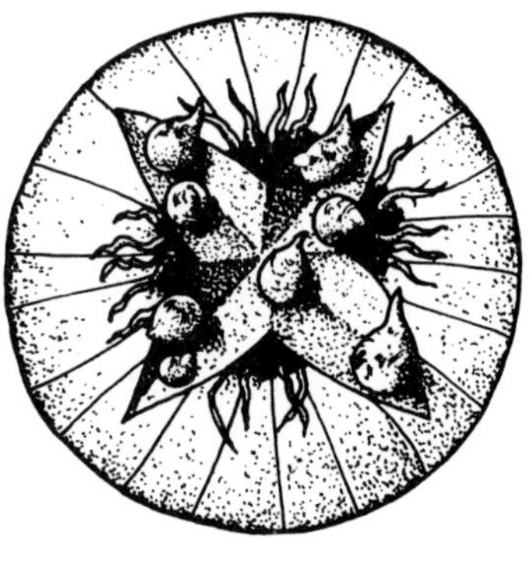

Oben: Zwiebelboden anschneiden (links), daraus entstandene Brutzwiebeln (rechts). Rechte Seite: Brutzwiebeln bilden sich nach Einschnitten bei Hyazinthen (oben); die Schuppenzwiebeln der Lilie (unten) können auseinandergenommen und wie Brutzwiebeln gesteckt werden.

Geteilte Knollen

Im Gegensatz zu Zwiebeln können Knollen geteilt werden, wenn sie eine mittlere Größe erreicht haben. Die Teilstücke wachsen jedoch nur dann zu einer neuen Pflanze heran, wenn jedes von ihnen eine Triebknospe behalten hat. Das geschieht im Frühjahr zur selben Zeit, wenn die Blumenknollen zum Treiben aufgestellt werden, also Ende Februar bis Anfang März. Die Schnittstellen werden mit Holzkohle vor Fäulnis geschützt. Mit der Blüte kann normalerweise schon im ersten Jahr gerechnet werden.

Von den Dahlienknollen werden alte Strünke und weich gewordene Stellen weggeschnitten, zu dicht gewachsene Knollenbüschel geteilt. Damit nicht zu viele Triebe dicht beisammen stehen, läßt man jeder Dahlie drei oder vier Teilstücke mit je einem Auge.

Begonienknollen werden erst, nachdem sie ausgetrieben haben, von oben nach unten durchgeschnitten. So ist man sicher, daß auf jedem Teilstück eine triebfähige Knospe sitzt. Auf diese Weise ist auch die Oberseite besser erkennbar.

Bei der *Gloriosa* ist an der Spitze der fingerförmigen Einzelknollen ein winziger Keimansatz zu sehen. Er muß nach dem Pflanzen schräg in die Höhe zeigen und leicht mit Erde bedeckt sein. Dabei ist der Vegetationspunkt sorgfältig zu schützen. Stärkere Wurzelstöcke zerlegt man an der Ansatzstelle in Einzelstücke, selbst wenn das kleinste nicht größer als ein Fingerglied ist. Sie benötigen reichlich Wärme um 20° und verbrauchen viel Wasser. Nach vier bis sechs Wochen wird eine Nährlösung von 1 g Volldünger in 1 l Gießwasser verabreicht.

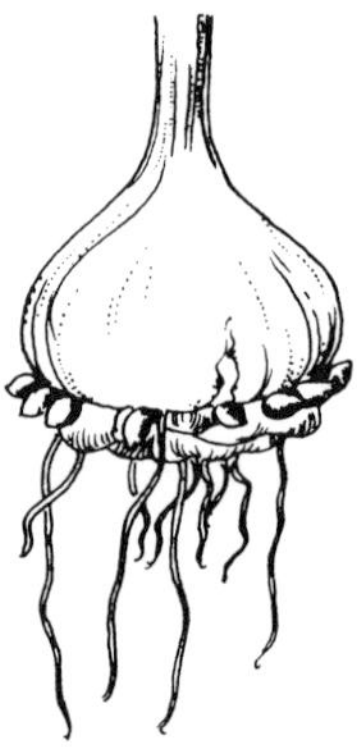

Oben links: Teilung einer Anemonenknolle, rechts: Brutknollen an einer Gladiole. Rechte Seite: Knollenbegonien werden erst geteilt, wenn sie getrieben haben.

Rhizome stückeln

Knollenartig verdickte Wurzeln (Rhizome) lassen sich zerlegen, wenn sie genug Augen haben. Am einfachsten ist das zu erkennen, wenn sie flach wachsen und bereits einen Sproßansatz nach oben gerichtet haben.

Der Wurzelstock der Canna wird vor dem Treiben zerstückelt, so daß die Teile in 16er-Töpfe passen. Zuerst läßt man sie eine Weile an der Luft liegen, damit sich an den Schnittstellen ein trockener Verschluß bildet. Dann pflanzt man sie zu zweit oder dritt je nach Größe in Floradur-Blumenerde. Bei 12° bis 16° wird zunächst wenig gegossen (wie bei allen anderen angetriebenen Knollen). Erst wenn sie Blätter haben, gibt man mehr Wasser, erste Nährstoffe und mehr Luftfeuchtigkeit, einige Stunden Morgensonne und frische Luft zum Abhärten.

Die Inkalilie (Alstroemeria) ist ein verbreitetes Amaryllisgewächs, dessen Knollen leicht abbrechen und deshalb im Frühjahr zum Treiben wurzelschonend gestückelt werden können.

Kohleria, die Gleichsaum genannte Blütenstaude, wächst aus flachen Rhizomen, die im Frühjahr auf Fingerlänge geschnitten und zu mehreren in einem Topf 1 bis 2 cm unter Erde und Folie warm und luftfeucht aufgestellt werden.

Lampionblumen mit höchst dekorativem Samenschmuck erzielt man aus fingerlangen Teilstücken der flachwachsenden, dickfleischigen Rhizome, die 2 bis 3 cm tief gelegt werden.

Von Achimenes bis Zierspargel sind im Frühjahr alle Rhizomgewächse teilbar, wenn die Teilstücke eine Triebspitze haben.

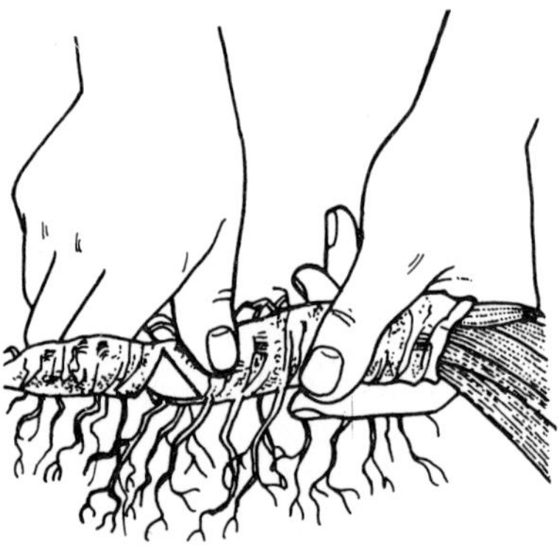

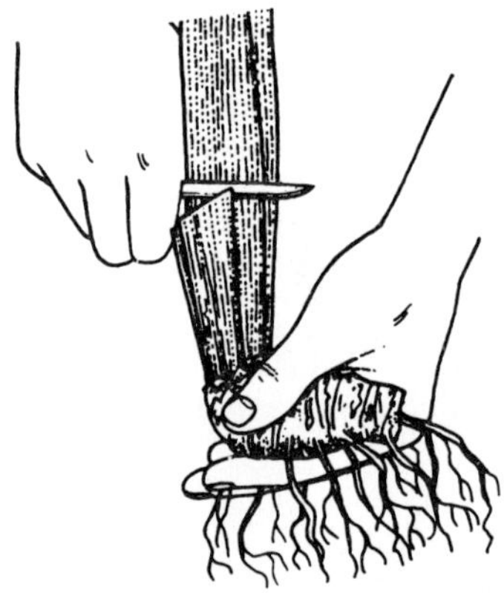

Oben: Rhizome stückeln (links) und Laub kürzen (rechts). Rechte Seite: Dicht gewachsene Cannawurzeln können geteilt werden.

Stecklinge

Wenn die Pflanzen sich nicht von selbst vegetativ vermehren, hilft der Stecklingsschnitt weiter. Es bereitet unerwartet geringe Schwierigkeiten, krautige oder holzige Stengelteile, in Ausnahmefällen auch Blätter und Wurzeln zu Jungpflanzen heranzuziehen.

Allerdings muß man hier den Unterschied zwischen Einkeimblättrigen und Zweikeimblättrigen machen. Nur die Pflanzenklasse mit zwei Keimblättern, netzförmigen Blattadern in vielfach geteilten Blättern, vier- oder fünfzähligen Blattadern in vielfach geteilten Blättern, vier- oder fünfzähligen Blättern bewurzelt sich.

Von ihnen unterscheiden sich die einkeimblättrigen Samenpflanzen wie Aronstabgewächse, Gräser, Orchideen, Palmen und alle Zwiebeln. Äußerlich erkennt man sie an glatten, langen Blättern, in denen Nerven und Leitbündel parallel verlaufen. Aus ihren Trieben lassen sich keine Stecklinge schneiden.

Die zurechtgeschnittenen Pflanzenteile werden in Wasser, Sand oder Substrate gesteckt, unter Folie oder Glas warm, hell, aber schattig, nicht zu naß, in gespannter Luft aufgestellt. Viele treiben schon nach Tagen Wurzeln. Andere, die wenig oder gar kein Wurzelwuchshormon in den oberen Pflanzenteilen besitzen, brauchen länger. Mit speziellen Wuchsmitteln kann man nachhelfen.

In allen Fällen entstehen Jungpflanzen, die voll und ganz der Mutterpflanze gleichen. Sie müssen deshalb sorgfältig ausgesucht werden, indem sie länger beobachtet und „bonitiert", d.h. im Vergleich aller wesentlichen Eigenschaften bewertet werden.

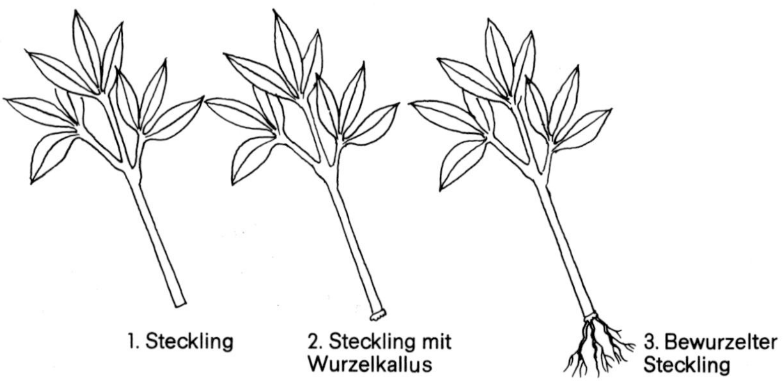

Oben von links nach rechts: Ein Steckling bewurzelt sich. Rechts: Stecklingsanzucht in einer Plastiktüte.

Wurzelbildung

Wie gut der Nachwuchs gerät, hängt auch davon ab, von welcher Stelle der Mutterpflanze ein Steckling geschnitten wurde. Das beginnt bei der Wurzelbildung:

Stecklinge von Stauden mit hohlen Stengeln bewurzeln sich nie, wenn sie aus höheren Regionen geschnitten werden. Nimmt man von ihnen grundständige Triebstücke, wachsen sie nur weiter, wenn ihnen noch ein kleines Wurzelrestchen erhalten blieb.

Stecklinge von der Sonnenseite, deren Blätter dunkler grün sind, bewurzeln sich besser als solche von der Schattenseite oder aus dem Inneren der Pflanze. Die Blätter dürfen nicht ganz entfernt werden, weil sie lebenswichtige Aufbaustoffe erzeugen. Sie müssen nur so weit ganz oder zur Hälfte abgeschnitten werden, daß sie nicht zuviel verdunsten. Große Blätter kann man dazu auch einrollen und zubinden.

Stecklinge besitzen um so mehr Wuchskraft, je besser sie mit Blattgrün versorgt sind. Buntblättrige Zierpflanzen können deshalb zum Teil gar nicht auf diese Weise vermehrt werden. Grün beblätterte, krautige Stecklinge bewurzeln sich schneller, weil ihr Stoffwechsel durch den Schnitt kaum unterbrochen wird.

Von mehrjährigen Pflanzen, deren einjährige Triebe zum Jahresschluß verholzen, verwendet man diese, da sie bereits Vorratsstoffe für Monate eingelagert haben. Krautige Triebe enthalten erheblich weniger Vorräte.

Gehölze und mehrjährige Pflanzen, deren Triebe schnell dicker werden, bilden eher Wurzeln als andere.

Oben: Die Wurzelbildung kann mit Bewurzelungsmitteln gefördert werden. Rechts: Viele Stecklinge bewurzeln sich in reinem Wasser.

Mutterpflanzen

Zum Stecklingsschnitt ausgesuchte Mutterpflanzen müssen ausreichend und ausgeglichen ernährt sein. Zuviel Stickstoff macht Triebe und Stecklinge weich. Ein guter Anhaltspunkt sind die Nährstoffmengen im Torfkultursubstrat TKS 1, also rund 1,25 bis 1,5 g je Liter. Das hat sich in allen Versuchen als die ideale Menge auch für die Entwicklung des Stecklings zur fertigen Pflanze herausgestellt.

Jeder Steckling sollte frisch sein, bevor er gesteckt wird. Deshalb werden die Mutterpflanzen vor dem Schnitt reichlich gewässert. Manche krautigen Stecklinge, wie von Nelken und Chrysanthemen, stellt man fertig geschnitten eine Stunde in Wasser. Andere, wie Geranien und Wolfsmilchgewächse, läßt man einige Stunden welken, ehe sie gesteckt werden. Kakteen und Sukkulenten sollen an der Schnittstelle abtrocknen, ehe sie gesteckt werden.

Schneidet man Stecklinge von langen Zweigen, so wachsen die tiefer stehenden besser, weil dort mehr Wuchsstoffe angesammelt sind. Schneller bilden sich neue Wurzeln auch an Staustellen wie Verzweigungen, Astringen, Knospen, Blattknoten und anderen Blattansätzen. Geht das Dickenwachstum langsam, wie z.B. bei Rhododendren, staut man den Saftstrom durch Abbinden mit einem Draht.

Die Stecklinge aus höheren Etagen bringen früher Blüten und wurzeln schwächer, und die Seitentriebstecklinge blühen eher als solche aus Leittrieben. Auch die Wuchsform wird zum Teil davon beeinflußt, ob Triebstücke erster oder zweiter Ordnung geschnitten wurden. Triebspitzen sind als Stecklinge besser geeignet, weil in ihnen der Wachstumsbetrieb in vollem Gange ist.

Stecklinge von der richtigen Stelle schneiden.

Stecklingsschnitt

Frühjahr und Herbst sind die besten Zeiten für den Stecklingsschnitt. Doch es gibt eine Reihe krautiger Pflanzen und laubabwerfende Gehölze, die im Sommer von Juni bis August die meisten Wuchsstoffe bilden. Viele Blütenstauden werden nach dem ersten Flor zurückgeschnitten und treiben neu aus. Das sind dann die besten Grünstecklinge.

Stecklinge schneidet man je nach Art 5 bis 10 cm lang über mehrere Augen, damit Ersatz vorhanden ist, falls eines davon nicht austreiben sollte. Ist die Luftfeuchtigkeit hoch, kann man ihnen mehr Blätter lassen. Große Blätter werden auf die Hälfte oder ein Drittel gestutzt. Man kann sie auch zusammenrollen und -binden.

Der Schnitt wird mit einem scharfen Messer unmittelbar unter einer Knospe angesetzt, weil sich dort Wuchsstoffe stauen. Geiztriebe in Blattachseln werden nicht abgeschnitten, sondern abgerissen oder ausgebrochen, ohne nachzuschneiden. So vermehrt man Bougainvillea, Geranien, Nelken, Pelargonien, einige Laubgehölze und Stachelbeeren.

Tritt Milchsaft oder Harz aus, wird die Kallusbildung behindert. Deshalb werden solche Stecklinge in warmem Wasser abgespült. Es darf nicht heißer als 45° sein, da sonst das Gewebe zerstört wird. Um den Milchsaftfluß bei Wolfsmilchgewächsen, die an der Schnittstelle stark bluten, zu stoppen, werden sie über einer Kerzenflamme angesengt. Das fördert zugleich die Kallusbildung, so daß schneller Wurzeln entstehen.

Beim Angießen für den Bodenschluß sollen die Blätter nicht naß werden.

Danach wird dann Folie übergezogen.

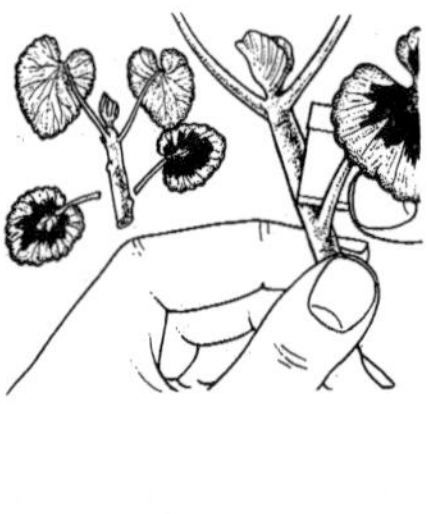

Oben: Von blattreichen Stecklingen werden die Blätter bis auf eins oder zwei am oberen Ende entfernt (links), austretenden Milchsaft kann man über einer Kerzenflamme stoppen (rechts). Rechte Seite: Stecklinge von Efeutute und Marante werden eingetopft.

Kopfstecklinge

Seitentriebstecklinge von Forsythien lassen keine kräftigen, aufrechten, rundbuschigen Sträucher wachsen. Dasselbe kann man bei einigen Koniferen beobachten, wenn etwa aus den Spitzen von Seitenzweigen kein Mitteltrieb gebildet wird. Das geschieht bei Fichtenarten, Scheinzypressen, Kiefern, Eiben und Lebensbäumen. Auch die Seitentriebstecklinge der Zimmertanne *Araucaria* bilden keinen Stamm, sondern wachsen stets nur waagerecht weiter. Man kann damit die außergewöhnlichsten Solitärs gewinnen.
Wenn der gewohnte Wuchs gewünscht wird, können diese Arten also nur mit Kopfstecklingen vermehrt werden.

Aucuba, auch Goldorange oder Schlächterpalme genannt, ist eine äußerst robuste und sehr schöne Kübelpflanze. Zwischen Spätsommer und Frühjahr kann man noch nicht verholzte Kopfstecklinge bei 12° bis 20° bewurzeln lassen.
Die kletternde Klimme treibt im Mai oder September am besten aus Kopfstecklingen, die nicht mehr als 16° Wärme brauchen. Pantoffelblumen entspitzt man im August oder September und hält die Kopfstecklinge 10° kühl, bis sie im nächsten Mai pflanzfertig sind.
Der echte Kaffeebaum *Coffea* kann nur mit senkrecht wachsenden Triebspitzen vermehrt werden. Der Gummibaum wird im Sommer „abgemoost“ (s. S. 88), oder die Spitzenstücke werden in eine dunkle Vase gestellt, wo sie nach zwei bis drei Monaten oft so dicke Wurzelbärte sprießen lassen, daß man das Gefäß zerschlagen muß, um die Jungpflanze zu entnehmen.

Oben: An diesen Stellen (s. Strich) gewinnt man Kopfstecklinge. Rechts: Kopfstecklinge in Torfquelltöpfen.

Blattstecklinge

Daß auch Blätter Junge kriegen können, haben wir schon bei den Kindeln gesehen (s. S. 54). Vor allem tropische und sukkulente Gattungen zeichnen sich durch gebärfreudige Mutterpflanzen aus, die an den Blättern voller Nachwuchs sitzen. Dickblattgewächse wie Adromischus werfen ältere Blätter ab, die sich überall dort bewurzeln, wo sie Bodenkontakt haben.

Zur Stecklingsvermehrung können auch viele andere Blätter in Stücke geschnitten oder mit dem Stiel in Substrat gesteckt werden. Jedes Teilstück bringt eine neue Pflanze. Die bekanntesten Beispiele dafür: Blattbegonien werden vermehrt, indem man die Blätter längs den Blattrippen in keilförmige Stücke schneidet, in sandigen Torf steckt und bis zur Wurzelbildung mit Folie bedeckt hält. Es genügt schon, die Blattnerven an einigen Stellen durchzutrennen, das Blatt auf Torf zu legen und mit Steinchen zu beschweren. An den Schnittstellen bilden sich neue Pflanzen.

Crassulagewächse wie das Sichelförmige Dickblatt sind mit gut abgetrockneten Blättern zu vermehren, die im zeitigen Frühjahr rasch wurzeln. Das gilt ebenso für andere Arten mit sukkulenten Blättern wie *Gasteria, Haworthia* und andere.

Das Usambaraveilchen treibt an Blattstielen in sandigem Substrat Wurzeln. Aus großen Blättern entwickeln sich an der Schnittstelle ganze Büschel von Jungpflanzen.

Die steifen Schwertblätter der *Sansevieria* werden in fingerlange Stücke zerschnitten und in ein feuchtes Torf-Sand-Gemisch gesteckt.

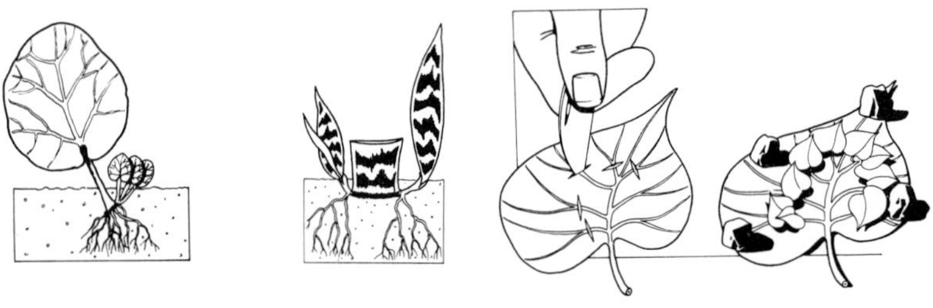

Oben: Blattstecklinge (von links nach rechts): Usambaraveilchen, Sansevieria, Begonien quer zu den Rippen anschneiden, daraus entstandene Jungpflanzen. Rechts: Blattstecklinge von Königsbegonien.

Augenstecklinge

Krautige Gewächse wie Aeschynanthus, Aphelandra, Chrysanthemen und andere brauchen am Blattsteckling ein Auge, um eine Jungpflanze treiben zu lassen. Am kahlen Blattstiel kommt kein Austrieb zustande.

Wenn die Triebknospe mit einem Stengelstück herausgeschnitten wird, spricht man von Augenstecklingen. Das Triebstück kann der Länge nach gespalten und schräg in das Substrat gesteckt werden. Wenn kein Blatt vorhanden ist, löst man den Holzstreifen von der Schnittfläche aus oder schneidet ihn hauchdünn.

Nur die Augen an den unteren Enden einjähriger Triebe sind als Stecklinge vermehrungsfähig. Mehrjährige Triebe liefern keine wurzelbildenden Augen mehr.

Bei Weinreben werden die Knospen von einjährigen, blattlosen Sprossen genommen. Die Augen werden auf Sand oder TKS 1 gelegt und das Stecksubstrat gleichmäßig feuchtgehalten.

Andere Stecklinge werden flach eingesenkt. Beerenobst wie Brom- oder Loganbeeren werden im August und September, Mahonien und andere Ziergehölze erst im September/Oktober aus Augenstecklingen vermehrt. In jedem Fall muß abgewartet werden, bis Blatt und Knospe richtig ausgereift sind.

Das beliebte Glanzkölbchen wird zwischen Herbst und Frühjahr mit einem Auge am Blattstiel gesteckt und knapp über Zimmertemperatur zum Bewurzeln gebracht. Die Schamblume bewurzelt sich am Auge unter Folie bei über 30°.

Oben: Augensteckling schneiden (links), stecken (Mitte), Augensteckling einer Weinrebe (rechts). Rechte Seite: Mahonien werden im Herbst mit Augenstecklingen vermehrt.

Stammstecklinge

Da schon Blätter und Knospen alleine imstande sind, eine neue Pflanze entstehen zu lassen, gelingt das den dicken, saftigen Mitteltrieben krautiger Gewächse noch besser. Sie sitzen meist voller „schlafender Augen“, die lebhaft aufwachen, wenn kurz geschnittene Stammstücke feuchtwarm in sterilen Sand oder Floratorf gelegt werden. Die Vorräte an Nährstoffen im halbharten Gewebe reichen aus, um sie Wochen und Monate zu versorgen, bis sich nach dem Austrieb die ersten Wurzeln gebildet haben.

Kroton mit seinen schön gezeichneten, bunten Blättern ist nicht leicht zu vermehren. Aber mit Teilen ausgereifter Mitteltriebe gelingt es, wenn außer der Knospe auch ein Blatt erhalten ist. Sie werden in Torf-Sand-Gemisch gelegt und sonnig bei 30° unter Folie aufgestellt.

Aus der Familie der Aronstabgewächse kommen viele schöne, gemusterte Blattpflanzen, die sich aus Teilstücken des alten, kahl gewordenen Stammes vermehren lassen. Aus dem stehen bleibenden Stummel treibt die alte Pflanze neu aus. Die fingerlangen Stecklinge etwa der Dieffenbachie werden mit einem Auge flach auf TKS 1 gelegt und erst zwei Wochen später halb hineingedrückt. Bei 30° ist der Anwachserfolg hundertprozentig sicher, wenn man die Schnittstellen mit Holzkohle abdeckt und den grauen Schimmel vermeidet. Ebenso verfährt man mit der Monstera, die als „Philo“ bekannt ist.

Alle Sukkulenten sind für die Vermehrung mit Stammstecklingen vorzüglich geeignet. Wie die Glieder von Kakteen bewurzeln sie sich, wenn man sie an den Abschnürungen abtrennt und trocken werden läßt, bevor sie in ein Torf-Sand-Gemisch gesteckt werden.

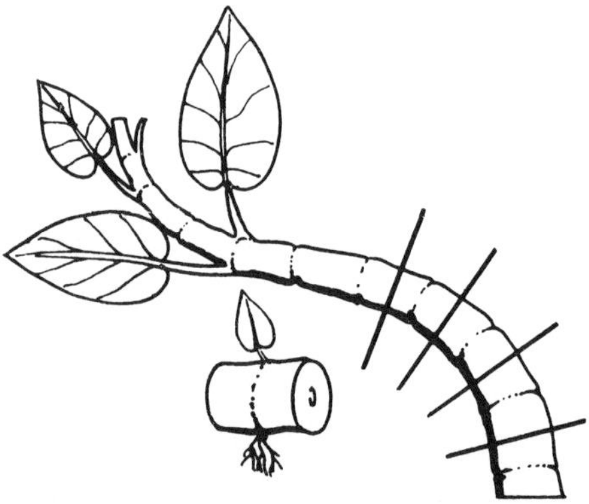

Oben: So werden Stammstecklinge geschnitten. Rechts: Stecklinge von *Cyperus* und *Nerium oleander* bewurzeln sich in reinem Wasser.

Wurzelstecklinge

Die lästigen Wurzelunkräuter beweisen es: Aus augenlosen Wurzelstückchen können Blatttriebe und später neue Wurzeln entstehen.

Junge Wurzeln sind eher bereit, zu vollständigen Pflanzen auszuwachsen. Hier ist das Gewebe jünger und deshalb teilungsfähiger. Die Adventivknospen bilden sich auch leichter, solange das Triebwachstum über der Erde ruht.

Verbreitet ist die Methode, Beerenobst mit Wurzelschnittlingen von ausreichender Stärke zu vermehren. Sie sollen fast so dick wie ein kleiner Finger und gut fingerlang sein. Im Vermehrungsbeet werden sie eine Handbreit tief und schräg gesteckt, das dickere Ende nach oben.

Bei vielen Stauden sind Wurzelstücke die übliche Vermehrungsweise, die mehr Nachwuchs bildet als die Stockteilung. Starke Wurzelstücke von der Ochsenzunge *Anchusa* bis zur Königskerze *Verbascum*, von Edeldistel *Eryngium* und Türkenmohn *Papaver orientale* werden fingerlang geschnitten, flach gesteckt und warm gehalten.

Andere Gewächse, die im Freiland mit Wurzelstecklingen vermehrt werden, sind *Aesculus parviflora*, die buschige Kastanie, *Ailanthus altissima*, *Pachysandra terminalis*, Rhus, Robinia, Rubus und Zierquitten. Bei 15° treiben Wurzeln von Aralien, Kreuzrebe, Trompetenblume und -baum, Schicksalsbaum, Daphne-Arten, Baummohn, Osagedorn, Passionsblume und der Surenbaum.

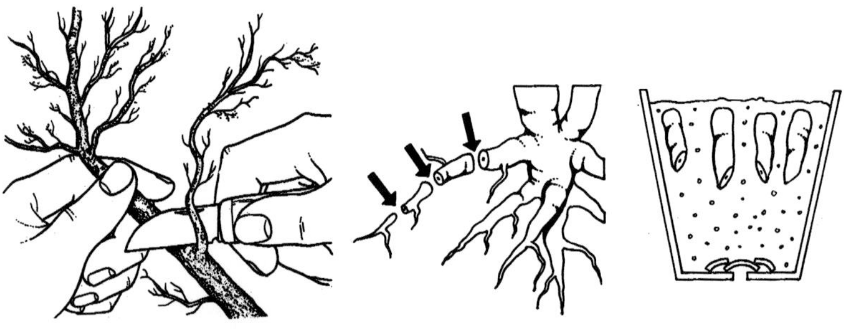

Oben: Wurzelstecklinge abtrennen (links), stückeln (Mitte), einpflanzen (rechts). Rechte Seite: Ziersträucher lassen sich aus Wurzelstecklingen vermehren.

Abmoosen

Wenn abgetrennte Pflanzenteile sich nicht bewurzeln, versucht man, die Triebstücke an der Mutterpflanze Wurzeln schlagen zu lassen. Dazu staut man den abwärts fließenden Nährstoffstrom an passender Stelle, indem der Trieb eingekerbt oder halb durchgeschnitten wird. Damit die Wundstelle nicht gleich wieder zuwächst, wird sie mit einem Steinchen oder ähnlich aufgespreizt. Man kann statt eines Einschnittes auch einen schmalen Rindenstreifen abschälen.

Die Wurzelbildung wird gefördert, wenn man die Rinde oberhalb einige Zentimeter lang einritzt oder eine Schälwunde zufügt. Bestreut man diese Partie zusätzlich mit einem Bewurzelungshormon, fördert das zusammen mit der Wundkallusbildung den Wurzelansatz.

Die sich an dieser Stelle bildenden Wurzelspitzen würden an der Luft bald wieder eintrocknen. Deshalb wird eine Lage nasser Floratorf oder Torfmoos (daher der Name) in einer dunklen Folie darum gebunden. Diese Packung wird oben und unten mit Klebestreifen festgehalten. Zur Prüfung, ob die Feuchtigkeit noch ausreicht, schneidet man eine kleine Klappe ein, die mit Tesafilm verschlossen wird. Durch dieses Loch kann man bei Bedarf vorsichtig nachgießen. Nach ein bis zwei Monaten sind meist so viele Wurzeln entstanden, daß man den Trieb abschneiden und eintopfen kann.

Am häufigsten wird diese Methode beim Gummibaum empfohlen. Auch Aechmeen, Keulenlilien und Aralien bewurzeln sich besser in einer Moospackung. Ananasgewächse sind so ebenfalls zu vermehren. Sie wachsen, wenn sie von der Mutterpflanze abgemoost wurden, bei 25° unter Folie zuverlässig weiter.

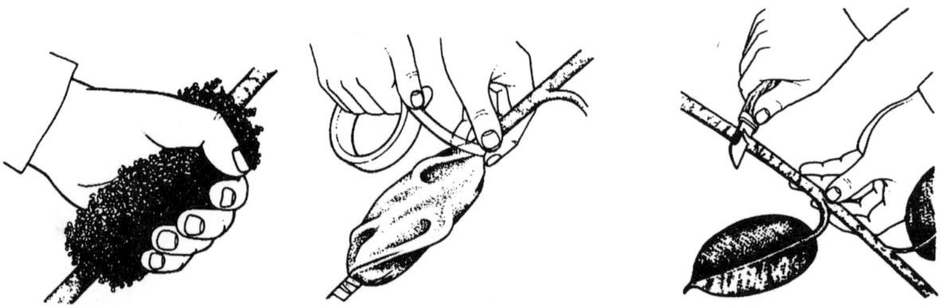

Oben: Trieb einkerben (links), mit feuchtem Torfmoos umwickeln (Mitte), Plastikfolie befestigen (rechts). Rechte Seite: Den Trieb abschneiden, nachdem sich ein ausreichender Wurzelballen gebildet hat.

Absenken

Biegsame Triebe kann man herunterbiegen, damit sie sich in der Erde bewurzeln, ehe sie von der Mutterpflanze abgeschnitten werden. Vom Ablegen spricht man, wenn von einem niedergelegten Trieb mehrere Jungpflanzen gewonnen werden. Wurzeln bilden sich meist in Knospennähe, weil dort jugendliches Gewebe vorhanden ist.

Zum Absenken hebt man im Frühjahr eine Grube aus, die 20 bis 25 cm tief ist. Der Zweig wird dicht an der Pflanze, ohne einen Bogen nach oben, scharf nach unten gedrückt, leicht gedreht und so eingegraben, daß der vorjährige Trieb völlig in der Erde verschwindet. Nur die Spitze ragt heraus.

Will der Zweig nicht in der Erde bleiben, schneidet man sich eine Zweiggabel zurecht und steckt sie an der tiefsten Stelle über den Absenker. Die Jungpflanze kann im Herbst abgenommen und wie üblich weiter kultiviert werden.

Neben vielen Gehölzen können auch Stauden so vermehrt werden, wenn sie keine hohlen Stengel haben. Mit Einschnitten auf der Unterseite wird dabei die Kallus- und Wurzelbildung gefördert.

Fast alle Pflanzen, die sich absenken lassen, kann man auch ablegen. Damit sich schneller Wurzeln bilden, werden die Triebe abgeschnürt. Schlingpflanzen werden in Wellenlinien eingelegt.

Gehölze lassen sich auch mit Anhäufeln vermehren, wenn im Herbst alle Triebe dicht am Boden abgeschnitten und die Schnittstellen mit Erde bedeckt werden. Wenn die jungen Triebe wachsen, wird weiter angehäufelt, bis die Hügel 20 bis 30 cm hoch sind.

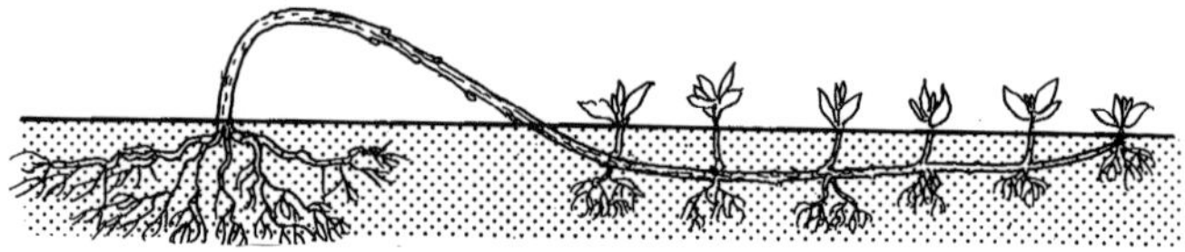

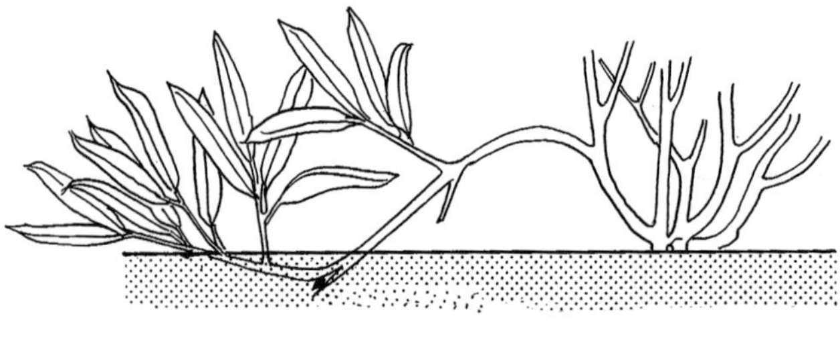

Oben: schematisches Wuchsbild von Ablegern an einer Himbeerrute, darunter: Absenker von einem Rhododendronzweig (Einschnitt an der tiefsten Stelle, um den Saftfluß zu bremsen). Rechts: Alle strauchigen Gehölze mit biegsamen Trieben, wie z. B. diese Himbeeren, können mit Absenkern vermehrt werden.

Steckholz

Ohne anzuhäufeln, wird das Steckholz nach dem Laubfall geschnitten, gebündelt und frostfrei in feuchtem Floratorf so eingeschlagen, daß es etwa eine Handbreit bedeckt ist. Oft bilden sich schon dort Kallus und Wurzeln, so daß noch vor dem Winter gesteckt werden kann. Je zeitiger geschnitten wird (notfalls die Blätter abschneiden), um so mehr Wuchsstoffe finden sich im Gewebe.

Damit das Steckholz ausgereift, aber schön jung ist, schneidet man die ausgesuchten Mutterpflanzen im vorhergehenden Frühjahr zurück. So entstehen viele Jungtriebe. Nur bei einigen Arten kann es nützlich sein, ein Stück vom alten Holz zu belassen.

Bei Ziergehölzen wie *Callicarpa, Clematis, Cornus, Cotoneaster, Deutzia, Elaeagnus, Forsythia, Laburnum, Polygonum, Rosa, Sambucus, Syringa, Viburnum, Weigela* wird in mittlerer Länge von 20 cm unter einem Auge geschnitten.

Ohne Rücksicht auf die Augen werden auf 15 bis 30 cm geschnitten: *Ampelopsus, Caragana, Cydonia, Ligustrum, Lonicera, Philadelphus, Prunus, Ribes, Salix, Spiraea, Symphoricarpus und Tamarix.*

Abschnitte mit einem Rest Altholz und markhaltige Zweige nimmt man stets an einer Abzweigung ab. Das Auge muß immer dabei so viel unversehrte Rinde um sich haben, daß es nicht austrocknet.

Zum Stecken hebt man einen 30 cm tiefen Graben aus, legt das Holz senkrecht an eine Seite und schüttet torfveredelten Aushub so weit auf, daß das oberste Auge knapp herausragt.

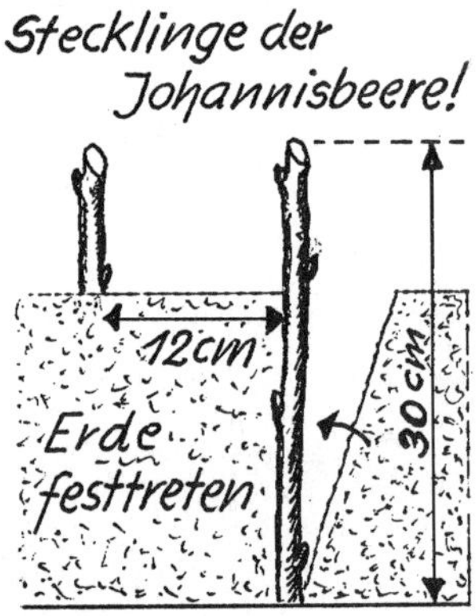

Oben: Das Steckholz von Johannisbeeren wird 30 cm tief eingesetzt. Rechts: Mutterpflanzen von Johannisbeeren, die vor dem Steckholzschnitt verstärkt mit Humus- und Mineraldünger versorgt werden.

Inhalt